Mademba n'est pas natif du terroir. Et alors ?

Éditions DIASPORAS NOIRES

www.diasporas-noires.com

©Jean Marie François BIAGUI 2015

ISBN version papier : 9791091999229
ISBN version numérique : 9791091999236
Date de publication :   Février 2016
Date d'impression :   Février 2016

Jean Marie François BIAGUI

Mademba n'est pas un natif du terroir. Et alors ?

Un plaidoyer contre l'autochtonie

Collection Résistances

Mademba n'est pas natif du terroir. Et alors ?

Mademba n'est pas natif du terroir. Et alors ?

Ayez beaucoup de courage pour affronter l'inutile.

Le sens se met de lui-même autour de la vie des hommes.

Jean d'Ormesson de l'Académie française[1]

---

[1] Odeur du temps : chroniques du temps qui passe, éd. Héloïse d'Ormesson, collection Pocket, 2007, p.395

Mademba n'est pas natif du terroir. Et alors ?

Avertissement

Le présent pamphlet se veut une traduction de la vision (politique) de l'auteur pour un Sénégal moderne, prospère et résolument réconcilié avec lui-même. Comme tel, chacun des chapitres qu'il comporte peut être lu de manière isolée, et sans qu'il ne soit nécessaire de respecter quelque ordre ou hiérarchie entre eux.

Il n'empêche que la préférence de l'auteur pencherait plutôt pour la lecture du pamphlet suivant la structure progressive de son enfantement. C'est-à-dire un peu comme s'il s'agissait de lire un roman. Aussi, le lecteur, qui l'aura lu intégralement, pourra-t-il y noter le nombre relativement important de certaines répétitions, voulues et conçues à dessein, qui témoignent non seulement du caractère autonome de chaque chapitre, mais de quelque souci de pédagogie de la part de l'auteur.

À cet effet, celui-ci en appelle en l'indulgence généreuse de tous et de chacun.

Mademba n'est pas natif du terroir. Et alors ?

Avant-propos

Nous sommes en septembre 1992, quand me vient l'idée d'écrire, non pas des livres, des vrais – en aurais-je l'envie que je n'en serais guère capable ! –, mais des pamphlets. Non pas que la cour des écrivains me révulse, mais parce que je n'en suis point digne, tandis que leur arrière-cour me va plutôt bien. Et puis, le pamphlet a cette particularité avantageuse de n'être jamais achevé.

C'est ainsi que Emmanuel Essomé, un Camerounais, que notre histoire commune d'anciens séminaristes m'a donné comme compagnon du « désert » puis comme ami, me présentera Madame Cécile de Ramaix, une charmante Lyonnaise à la retraite, une grande amoureuse de l'écriture et de la lecture, et surtout une grande adepte des valeurs réunies de justice, de vérité et de liberté... de pensée et de conscience.

Mais Madame Cécile de Ramaix est aussi la fondatrice des éditions artisanales du même nom, qui se met en l'occurrence au service des pamphlétaires et autres écrivains de l'arrière-cour.

Ma rencontre avec Madame de Ramaix est alors aussi chaleureuse et féconde qu'elle m'offrira l'opportunité de publier successivement, aux dites éditions artisanales, entre 1993 et 1994, sous le générique ''Manifeste pour la paix en Casamance'' : Sénégal : Le Complot permanent (I), De l'indépendance de la Casamance en question (II) et Le Procès qui en cache un autre (III).

En 1995, après un séjour de trois mois au Canada, plus précisément à Québec, capitale de la province éponyme, qui me permettra de découvrir de l'intérieur le fédéralisme canadien, je me propose de publier, aux mêmes éditions, ''Casamance Kunda : Ce que nous attendons de la Casamance indépendante'', que mes camarades de lutte, Mamadou Sané dit Nkrumah, Ousmane Tamba et Alexandre Djiba alias Christian Chipenda, accepteront volontiers de cosigner avec votre serviteur.

En décembre 2008, insatiable dans mon combat politique, je vais m'aventurer à publier simultanément, aux éditions Clairafrique cette fois-ci : ''Pourquoi la Casamance n'est pas indépendante : Une introspection prospective'', ''Mouvement pour le Fédéralisme et la Démocratie Constitutionnels : Un pari politique pour la paix définitive en Casamance, au Sénégal, et dans la Sous-région'' et ''Le prix d'un fétiche venu de nulle part : En souvenir de mon jeune frère Paul-Grégoire Biagui''.

Cette nouvelle série de pamphlets, qui se complète par certains égards, se veut une symbolique dans la rupture que j'opère dans ma propre vision politique.

C'est donc dans le développement de cette dernière que va naître, sinon naturellement, du moins logiquement, ''Mademba n'est pas un natif du terroir. Et alors ?...Un plaidoyer contre l'autochtonie'', dont le but est de lever toutes équivoques entre l'autonomie selon votre serviteur et l'autochtonie.

Parviendrais-je à ce résultat escompté que ce présent pamphlet obtiendrait déjà ses lettres de noblesse.

Mais auparavant, fidèle à moi-même parce que conséquent avec moi-même, je vais me lancer, en 2012, dans les joutes électorales, d'abord aux côtés du candidat au 1er tour de la Présidentielle, Moustapha Niasse ; ensuite au 2nd tour en faveur du challenger Macky Sall face au président sortant Abdoulaye Wade ; et enfin comme candidat aux élections législatives du 1er juillet de la même année, avec notamment le credo ''Je suis candidat aux élections législatives du 1er juillet 2012, POUR...'', dont voici le développement :

Mademba n'est pas natif du terroir. Et alors ?

''Mes cher(e)s Compatriotes,

Frères et Sœurs de Casamance,

Cher(e)s Ami(e)s du MFDC,

Mesdames, Messieurs,

Je suis heureux de vous annoncer que je me porte candidat pour les prochaines élections législatives. Pourquoi ? Eh bien, tout le monde le sait, je porte, avec mes amis, depuis maintenant plus de 15 ans, une vision et un projet de société ; une vision et un projet de société fédéralistes, en tant que solution définitive au problème casamançais, dont nous traquons inlassablement la validation auprès de l'opinion nationale et particulièrement des Casamançais. Alors, quand le RES «les VERTS», le parti de tous les citoyens, par la voix de son leader, l'honorable député Ousmane Sow HUCHARD, m'a offert son investiture comme tête de liste dans le département de Ziguinchor, pour « les législatives 2012 », je l'ai accepté avec humilité et gratitude. Il se trouve que Ziguinchor est mon département de prédilection, pour être mon département d'origine. C'est donc une chose naturelle pour moi que d'être candidat aux élections législatives à Ziguinchor. Cependant, je ne suis candidat contre personne. Mais alors ! contre personne.

Je suis candidat **POUR...**

- Oui, je suis candidat **POUR** porter et **POUR** défendre, avec mes amis et le RES «les VERTS», ma vision et mon projet de société fédéralistes.

- Je suis candidat **POUR** apporter, avec mes amis et le RES «les VERTS», la démonstration qu'une autre Casamance est possible dans un autre possible Sénégal.

- Et, donc, **POUR** apporter la démonstration qu'après la rébellion et le maquis, il y a une vie ; une vie politique, socioéconomique et culturelle.

- Je suis candidat à Ziguinchor, avec nos sœurs et frères Khadidiatou COLY, Khadidiatou Suzanne ATCHIKITI et Samba Alfousseynou SONKO, comme le sont Léontine TENDENG, Fatou Kiné SONKO, Sékou SONKO et Augustin Frédéric BADIANE à Bignona, Sabine SAMBOU et Mamadou BARRO à Oussouye, **POUR** témoigner, dans les faits et la pratique, avec nos amis et le RES «les VERTS», de ce qu'il est possible, pour le MFDC que nous incarnons, de porter et de défendre les aspirations profondes des populations casamançaises, certes en toute légitimité, mais dans la légalité.

- Je suis, par conséquent, candidat **POUR** prendre part, si je suis élu, au Chapitre de la République, au nom des populations casamançaises, plus particulièrement des populations du département de Ziguinchor, et **POUR** défendre leurs intérêts d'une manière autrement plus responsable, plus audacieuse, plus efficiente et plus soutenue. Mais, plus précisément, si je suis élu, je ne me battrai contre personne. Je dis bien contre personne. Je me battrai, avec mes amis et avec le RES «les VERTS», **POUR...**

- Oui, je me battrai, avec mes amis et le RES «les VERTS», **POUR** la promotion d'un nouveau type de Citoyen dans nos circonscriptions ; ce qui passera, avant tout, par la construction d'une Nouvelle Citoyenneté, plus respectueuse de l'Environnement, plus soucieuse du bien-être de l'Homme, de la Femme et de l'Enfant, parce que résolument ancrée dans nos valeurs authentiques et généreusement ouvertes aux apports fécondants et enrichissants du monde moderne.

- Je me battrai, avec mes amis et le RES «les VERTS», **POUR** la revalorisation du travail et **POUR** la promotion de l'emploi, notamment des jeunes et des femmes.

- Je me battrai, avec mes amis et le RES «les VERTS», **POUR** un développement harmonieux et durable de la Casamance ; c'est-à-dire, un développement qui respecte non seulement les Hommes, les Femmes et les Enfants, mais également la Nature, les Animaux et le Système écologique, sans oublier les générations futures ; soit un développement conjugué, d'une part, à une gestion rationnelle, moderne et volontariste de nos ressources naturelles et, d'autre part, à des mécanismes pragmatiques d'aménagement et d'assainissement de nos centres urbains et de nos campagnes.

Mademba n'est pas natif du terroir. Et alors ?

- Je me battrai, à cet effet, avec mes amis et le RES «les VERTS», notamment **POUR** la création d'une Brigade de l'Environnement et de l'Assainissement (BEA).
- Je me battrai, avec mes amis et le RES «les VERTS», **POUR** la promotion de l'Éducation pour tous, à travers notamment la réhabilitation de l'école.
- Je me battrai, avec mes amis et le RES «les VERTS», **POUR** une implantation véritablement démocratique de postes de santé modernes en Casamance, comme partout ailleurs dans le pays.
- Je me battrai, avec mes amis et le RES «les VERTS», **POUR** que les fruits du travail de nos paysans, pêcheurs et éleveurs, soient correctement rémunérés.
-, Mais plus globalement, et par-dessus tout, je me battrai, avec mes amis et le RES «les VERTS», **POUR** une meilleure prise en compte et une véritable prise en charge, à l'échelle nationale, du conflit en Casamance, qui n'a que trop duré, hélas, en vue, notamment, d'une solution politique et institutionnelle à ce problème, MAINTENANT.
- En définitive, je me battrai, avec mes amis et le RES «les VERTS», **POUR** la SENEGALISATION qui sied à la Cause du MFDC que j'incarne avec mes amis. Dans le contexte particulier de la nécessaire relance de l'économie de la Casamance naturelle, si je suis élu, je me battrai, avec mes amis et le RES «les VERTS», notamment :

- **POUR** une exonération totale d'impôts, de taxes professionnelles et de charges sociales, pendant 10 ans, pour toutes les entreprises basées en Casamance ;
- **POUR** une défiscalisation totale des lignes maritimes et aériennes Casamance – Dakar ou le reste du pays, pendant 10 ans ;
- **POUR** une création de taxes avantageuses sur les carburants sur l'axe Kaolack – Tambacounda – Kolda et sur tous les autres axes de contournement de la Gambie. Et ce, jusqu'à ce qu'un ou plusieurs ponts, enjambant le fleuve Gambie, soient réalisés. Bref ! Autant de mesures, quoique non exhaustives, qui pourraient certainement participer du « Plan Marshall » que le candidat Macky SALL, à l'élection présidentielle 2012, avait promis aux habitants de la Casamance.''

Ainsi, ai-je gagné mon pari quand, à l'issue du scrutin, j'occupai la 5ème position sur 24 têtes de liste.

1. Pour que nul n'en ignore

Jean-Marie Biagui, secrétaire général du Mfdc : Un ex-rebelle au cœur de la campagne

JEUDI, 21 JUIN 2012

Par Mamadou Papo MANE (Walf TV)

La seule évocation de son nom renvoie au mouvement rebelle qui lutte depuis 1982 pour l'indépendance de la Casamance. Mais aujourd'hui, c'est un tout autre Jean-Marie François Biagui que les populations du Sud sont en train d'apprendre à connaître pour ses nouvelles idées qui donnent une trajectoire autre que l'indépendance, à cette région qui l'a vu naître en 1961 et grandir. C'est cet homme repenti, à la tête du Mouvement pour le Fédéralisme et la Démocratie Constitutionnels (Mfdc) qui bat campagne dans les rues de Ziguinchor pour devenir élu du peuple. « Faire des erreurs est humain. Mais persévérer dans l'erreur devient diabolique », dit un proverbe latin. C'est peut-être cette réalité universelle qui a poussé Jean-Marie François Biagui à se débarrasser de son manteau indépendantiste. Et pourtant, Biagui doit sa réputation et sa notoriété au Mouvement des

Forces Démocratiques de la Casamance (Mfdc) qu'il a, d'ailleurs, dirigé pendant longtemps.

Son idylle avec ce mouvement qui revendique le droit de la Casamance à l'autodétermination remonte à septembre 1992. Cette année-là, le président Abdou Diouf envoie un contingent de soldats tout fraîchement revenus d'une mission de l'Ecomog. Cette forte présence militaire entraînera la bataille de Kaguitte avec ses nombreuses victimes. De son séjour lyonnais en France en tant qu'étudiant, Jean-Marie François Biagui eut du mal à digérer cette option militaire des autorités sénégalaises. Il publie alors une missive intitulée « Lettre à un frère casamançais ». Il sera alors approché par Mamadou Nkrumah Sané, secrétaire général adjoint du Mfdc. « Cette rencontre va changer ma vie », raconte Biagui. En effet, il rejoindra l'aile extérieure du mouvement rebelle. Son intelligence et ses qualités de tribun le feront très vite remarquer au point même de taper dans l'œil de ses pairs parmi lesquels, abbé Augustin Diamacoune Senghor en personne.

En août 2001, le Mfdc se retrouve en conclave à Banjul en Gambie. Au cours de ces assises, Jean-Marie François Biagui est choisi pour diriger le Mfdc. Il devient secrétaire général tandis que Diamacoune qui occupait jusque-là ce poste est promu président. Une autre vie commence dès lors pour cet ancien séminariste. Pendant des années, il théorise l'indépendance de la Casamance. Mais, ce qu'il semblait oublier, c'est que cette velléité indépendantiste n'était pas partagée. Elle était en réalité celle d'un groupe qui se fait appeler Mfdc. Cela, c'est au cours des Assises Casamaço-Casamançaises pour la Paix en Casamance qu'il le comprendra. Ce jour-là, au stade Aline Sitoé Diatta, au discours indépendantiste prononcé devant l'assistance par Biagui, Pierre Goudiaby Atépa, président du Collectif des Cadres Casamançais, Balla Moussa Daffé, alors maire de Sédhiou, et le professeur Malamine Kourouma, président de la Convention des Socio-Cultures de Casamance rappelèrent à leur hôte que la Casamance n'appartient pas au Mfdc.

Cette remarque pertinente changera quelque chose dans la vision de Biagui qui se rappelle en ces termes : « Ce jour-là, les populations casamançaises nous ont montré qu'elles ne veulent ni de l'indépendance, ni du statu quo ». Qui pouvait rester insensible à ce message fort du Peuple casamançais ? Ce n'est pas Biagui en tout cas qui, depuis lors, prône l'autonomie de six régions sociologiques et culturelles dans un Sénégal uni et prospère. Cette idée, Jean-Marie François Biagui la fera porter par son nouveau parti, le Mouvement pour le Fédéralisme et la Démocratie constitutionnels (Mfdc). Cette transformation du Mfdc en mouvement politique relève d'ailleurs de cette volonté de tourner cette page sombre de l'histoire de la Casamance.

Pour Biagui en tout cas, l'indépendance n'est plus à l'ordre du jour. Un sentiment que l'enfant de Brin traduit dans son engagement politique avec sa participation à la présente campagne électorale en tant que tête de liste du RES les Verts[2] dans le département de Ziguinchor. Depuis lors, on le voit partout dans les rues de Ziguinchor, dans le cadre d'une campagne de proximité, portant un message fort aux populations. Un symbole fort qui semble traduire la lassitude d'une région prise au piège d'une rébellion depuis 1982. En se lançant désormais en politique, Jean-Marie François Biagui retrouve ses premières amours. Lui qui a été membre du Mouvement des Elèves et Etudiants Socialistes, et militant du Ps en France avant de flirter avec la rébellion casamançaise.

---

[2] Rassemblement des écologistes du Sénégal, « Les Verts ».

2. Introduction

Il est un proverbe bien de chez nous, et d'ailleurs, qui veut que l'étranger soit roi. Aussi contemporain des générations actuelles qu'il ne l'est des origines de l'humanité ; si angélique du point de vue de la morale ou de l'éthique qu'il comporte ; si généreux quant à sa finalité présumée, ce proverbe n'en suggère pas moins, en substance, qu'aussi longtemps que l'étranger restera tel, il sera roi chez nous. Il est roi, chez nous, si et seulement s'il est étranger. Autrement dit, sous peine de devoir subir le supplice de notre xénophobie ou de notre racisme, il ne faudrait surtout pas qu'il ait la mauvaise idée de se fixer, de se sédentariser auprès de nous, parmi nous, pour être finalement des nôtres et, par conséquent, perdre sa couronne royale.

Mais il est aussi un proverbe commun au Nord et au Sud, autant d'ailleurs à l'Est qu'à l'Ouest, qui veut que nul ne puisse être prophète chez soi. En effet, à force de nous agglomérer les uns avec les autres ; à mesure que nous nous marchons mutuellement sur les pieds et que nos ombres respectives, devenant de plus en plus compactes et denses, se font écran mutuellement, imperturbablement, nous finissons nous-mêmes par devenir une ombre, du moins par le paraître. Or, tout le monde en convient, aussi longtemps que l'humanité demeurera telle, l'ombre, l'obscur sinon l'obscurité n'éclaireront jamais la lumière. Lumière qui vient souvent, presque toujours, d'ailleurs, de l'étranger.

Il est encore un dicton qui nous fait souvent dire, sans sourciller, que l'enfant ne connaît pas son père ; il ne connaît que sa mère. On suggèrerait même que la mère et l'enfant s'investiraient l'un et l'autre dans le quotidien, de manière fusionnelle. Ce qui ferait dire à certains que, dans un tel contexte, l'on ne peut toucher l'un sans toucher l'autre. La mère, comme Mère-Casamance !

En 2007, en pleine campagne électorale précédant les législatives, j'avais été le témoin, malgré moi comme la plupart de mes concitoyens, d'une polémique opposant en Casamance deux candidats à la députation. Il s'agissait d'une polémique non anodine, qui portait sur la casamancité, réelle ou supposée, de l'un des deux prétendants au Parlement. La gravité – la cruauté même ! – des arguments avancés de part et d'autre, notamment pour témoigner de qui de ces deux candidats serait le plus casamançais, était à son paroxysme lorsque, soudain, l'un des protagonistes dit de son adversaire, je cite : « Si seulement il savait d'où il est ». Aussitôt, je me mis à me pincer la joue droite, ou peut-être la joue gauche, puis à m'arracher la barbe pour m'assurer que j'étais encore, sinon en vie, du moins éveillé. Aïe ! comme j'avais mal ! Je ne rêvais donc pas. En tous les cas, j'étais encore en vie, même si je ne voulais pas en croire mes oreilles. C'est alors que je me précipitai vers le deuxième(1) des trois pamphlets politiques que j'avais publiés successivement entre 1993 et 1994. En effet, la polémique, qui mettait en exergue l'opposition pathétique entre ces deux leaders casamançais, me renvoyait soudainement, sans ménagement aucun, à ma propre notion de casamancité. C'est que, déjà, dans ce pamphlet, je prétendais qu'était Casamançais : ''toute personne née en Casamance, même de parents inconnus'' ou bien ''toute personne née d'au moins un parent casamançais'' ou encore ''toute personne ayant un conjoint casamançais et qui se considère elle-même casamançaise''. Au plus fort du conflit qui oppose l'État du Sénégal au MFDC (Mouvement des Forces Démocratiques de la Casamance), je ne pouvais être plus ingénieux que je ne l'avais été dans la définition de la casamancité. En tous les cas, il n'aurait pu en être autrement quand on sait, par ailleurs, que, nous autres indépendantistes, nous versions dans une espèce de compétition, qui ne disait guère son nom, mais qui n'en était pas moins une compétition, et qui consistait à nous positionner comme des indépendantistes émérites. Aujourd'hui, je l'avoue, je n'en suis pas fier. Non pas de ma qualité d'indépendantiste, mais d'avoir inventé une définition si incomplète de la casamancité. Car, en réalité, est Fils de la Casamance tout Casamançais de sang ou d'adoption. C'est aussi simple que ça. Une simplicité limpide. Une simplicité, certes déroutante, mais une simplicité quand même. Aussi, ce regard de ma part dans le rétroviseur n'était-il pas innocent. En fait, cette polémique sur la casamancité de l'un et de l'autre parmi les deux candidats à la députation, intervint exactement au moment où je théorisais sur le fédéralisme au Sénégal d'une part, et sur la réhabilitation et l'autonomie des Provinces Naturelles du Sénégal d'autre part, en l'occurrence le Fleuve, les Niayes, le Ferlo, le Sine-Saloum, le Sénégal Oriental et la Casamance. Je parlais ''autonomie'', et d'aucuns – très astucieusement, subtilement, en tout cas de manière non innocente – traduisaient et faisaient entendre ''autochtonie''. Me voilà donc pris à mon propre jeu sinon à mon propre piège. Non, ça n'est pas un jeu et ça ne saurait jamais l'être. C'est trop sérieux pour être un jeu. Mais ce peut être un piège. Un piège d'autant plus redoutable que les deux termes, autonomie et autochtonie, se prononcent quasiment à l'identique. Or, qu'est-ce que c'est que l'autochtonie ?

3. De la notion d'autochtonie

«Il était une fois, avant l'ère de la mondialisation, un temps où il existait, entre le lieu géographique et l'expérience culturelle, des connexions locales, autonomes, distinctes, bien définies, robustes et culturellement préservées. Ces connexions constituaient l'identité culturelle d'une personne et d'une communauté. Cette identité était quelque chose que les gens ''avaient'' simplement, dans le cadre d'une possession existentielle non problématique, un héritage, une continuité avec le passé. L'identité était ''une sorte de trésor collectif pour les populations locales'', mais quelque chose de fragile qu'il fallait préserver.»(John Tomlinson, cité par Lionel Obadia de l'Université Lumière-Lyon-2, ''Cartographie critique des usages et des significations attribués au concept d'ethnogenèse dans les Globalization Studies'', *Parcours Anthropologiques* n°6 : Ethnicité, Ethnogenèse, Autochtonie, éd. : Téraèdre, octobre 2007, p.23.)

Ainsi, avec l'avènement de la mondialisation, nous assisterions à la « mort » de l'ethnicité ou de l'autochtonie et à la naissance concomitante ou conséquente de la culture en tant que « ethnie d'où ont disparu les droits du sol, les droits du sang et les droits d'alliance, autrement dit une législation endogène (...) La culture, c'est donc une ethnie qui a perdu son pouvoir régalien, ses droits du sol, sa religion et sa langue (...) L'ethnie disparaît quand le pouvoir n'est plus superposable aux liens de parenté (...) La culture, c'est ce qui reste quand l'ethnie a disparu. » (Raymond Mayer, ''Ethnotanasie et culture'', *Parcours Anthropologiques* n°6, id., p.50-52.)

Au regard de ce qui précède, la *casamancité*, n'est-ce pas, conceptuellement, la somme des ethnies ou des communautés casamançaises et la culture casamançaise, métaphoriquement, tout ce qui leur survit ?

Dans son acception usuelle, l'autochtonie passe pour un phénomène qui concourt à appréhender et à traiter comme tel une personne, une chose ou un fait en considération exclusive de ce qu'il serait du pays ou du terroir concerné et qu'il n'y serait pas venu ou survenu par l'immigration ou du fait de l'immigration. C'est, à tout le moins, ce que me suggère en l'occurrence mon entendement. Sous ce rapport, donc, l'autochtonie apparaît comme un terreau propice à toutes sortes, sinon de dérives, du moins de prétextes. Le prétexte, naturellement, relatif à l'idée de n'avoir le regard qu'introverti dans la sauvegarde de son identité propre. Mais le prétexte, aussi, lié au principe selon lequel nul, mieux que soi-même ou les siens, ne saurait défendre ses intérêts. Le prétexte, assurément, selon lequel ce qui passe pour étranger doit être appréhendé pour ce qu'il est, c'est-à-dire étranger et, pour cette simple et unique raison, accueilli avec circonspection, avec prudence voire avec méfiance. Le prétexte, donc, à toutes les formes, avouées ou non, de xénophobie ou de racisme.

Un exemple typique, à ce sujet, demeure celui de la guerre civile en Côte-d'Ivoire qui, de fait, a scindé le pays en deux parties quasi égales, le Nord et le Sud. Il y eut, à l'origine de cette guerre, la notion d'ivoirité, déployée sous la forme, d'abord, d'une campagne de dissuasion contre les plus téméraires parmi les candidats de l'opposition les plus sérieux à l'élection présidentielle (le plus visé ayant été Alassane Ouattara, ancien premier ministre), puis d'un slogan politicien, avant d'être érigée en une disposition constitutionnelle. Pour s'assurer qu'il ne serait pas élu, l'on déclara Alassane Ouattara non Ivoirien de souche, puis l'on actionna sur le rouleau compresseur confectionné à cet effet, pour obtenir *in fine* le résultat escompté, à savoir sa non-participation à l'élection présidentielle. Résultat : les autorités se mirent à dos toute la partie nord du pays, dont est originaire Alassane Ouattara, tandis que l'armée nationale, comme du reste toutes les autres institutions de l'État, implosa, laissant alors une place nette à ce que nous appelons, depuis, la guerre civile en Côte-d'Ivoire. Ainsi, depuis septembre 2002, ce fleuron de l'économie africaine est en effervescence. Et il l'est encore au moment même où j'écris ces lignes, quoique dans une moindre mesure.

La notion d'*ivoirité*, pour rappel, suggère notamment que, pour prétendre à la magistrature suprême du pays, toute personne doit attester de sa naissance en Côte-d'Ivoire et de la qualité de citoyen ivoirien de souche de ses deux parents, ces derniers devant avoir eux-mêmes pour ascendants des citoyens ivoiriens d'origine. En d'autres termes, il faut jouir, indissolublement, du bénéfice du *jus sanguinis* et du *jus solis* avant même de songer à devenir président de la République de Côte-d'Ivoire. Les exemples, à travers le monde, sont sûrement très nombreux, qui corroborent l'expérience malheureuse ivoirienne. Aux États-Unis, par exemple, il faut être *citoyen américain de naissance* pour pouvoir être candidat à la Maison-Blanche. Des supputations et autres présomptions sur leur *citoyenneté de naissance* avaient, un temps, influé sur la campagne du candidat républicain malheureux à la présidentielle de novembre 2008, John Mc Cain, né au Panama, comme de son adversaire démocrate, Barak Obama qui, lui, est né sur le territoire américain, mais d'un père originaire du Kenya. Cependant, si, ici, aux États-Unis, l'on n'a pas eu besoin de recourir à la guerre pour accepter ou rejeter la candidature de John Mc Cain ou de Barak Obama, là-bas, en Côte-d'Ivoire, nous l'avons vu, la guerre civile était apparue comme la seule voie possible du salut politique, avec hélas ! son cortège-corollaire de morts, de blessés, de déplacés et de réfugiés.

Donc, autochtonie, en Côte-d'Ivoire et en Ivoirien, s'entend ivoirité ; au Sénégal, en général, et en Sénégalais, sénégalité ; en Casamance, en particulier, et en Casamançais, casamancité. Or, si les Casamançais ont l'avantage de disposer de la double qualité de casamancité et de sénégalité, nombreux seraient certains des nôtres à être tentés de réserver la qualité de casamancité aux seuls natifs de la Casamance qui auraient pour ascendants des parents réputés être des Casamançais de souche. Il me souvient, pourtant, que des personnalités illustres, considérées comme d'authentiques Casamançais, avaient en réalité une origine « étrangère », quoique lointaine. Je pense, en effet, au premier évêque casamançais, Monseigneur Joseph Faye, que Mère-Nature nous avait gracieusement offert par le truchement de l'île casamançaise de Carabane. Mais je pense aussi à beaucoup d'autres fils illustres de la Casamance, souvent anonymes, et qui avaient pour noms : Diop, Ndiaye, Sarr, Seck et ... Senghor. Seck comme l'ancien ministre d'État et professeur honoraire Assane Seck, et Senghor comme l'abbé Augustin Diamacoune Senghor. Certes, il est des émules innombrables, en Casamance, pour attester tout particulièrement de l'origine casamançaise du nom Senghor, et en pays sérère, au centre et au nord du pays, pour revendiquer au contraire l'origine de ce patronyme. Mais là n'est pas le problème. Ou plutôt, là se trouve un atout inouï que nous devrions exploiter et faire prospérer dans l'édification de notre nation. Car, tout le monde en conviendra, les Senghor comme les Diop, les Ndiaye, les Sarr ... et autres Seck du Nord sont au Nord et pour le Nord, ce que sont au Sud et pour le Sud les Senghor, les Diop, les Ndiaye, les Sarr ... et les Seck du Sud. C'est à dire des citoyens sénégalais que Mère-Nature a donnés – gratuitement ! – à leurs terroirs respectifs, soit par le sang, soit par l'adoption.

Il me souvient, également, que Mère-Nature, par le truchement de l'Église catholique, avait offert au diocèse de

Saint-Louis du Sénégal, comme évêque, un natif de la Casamance, en l'occurrence feu Monseigneur Pierre Sagna, auquel devait opportunément succéder un autre natif de la Casamance, son Excellence Monseigneur Ernest Sambou. L'Église, en agissant ainsi, imprimait, involontairement peut-être, comme une sorte de revanche de l'histoire, en réparation notamment du préjudice commis, jadis, contre un fils de la Casamance, notre honorable grand-frère Daniel Cabou, que le président Léopold Sédar Senghor avait eu la mauvaise idée, du moins aux yeux des autochtonistes concernés, de nommer gouverneur de la région du Fleuve.

Il me souvient, encore, de l'érection récente, comme tel, du diocèse de Kolda, en plein milieu du pays peuhl, et de la nomination conséquente de son premier évêque de l'histoire, en la personne de son Excellence Monseigneur Jean-Pierre Bassène, un natif du pays Joola.

Pour rester dans ce registre de l'Église catholique, il me souvient, enfin, mais la liste ne saurait être exhaustive, de l'élection comme pape du Polonais Karol Wojtyla/Jean-Paul II, rompant ainsi, fort heureusement, avec l'autochtonie à la vaticane. En effet, une certaine tradition tendait jusqu'alors à faire puiser, par le collège des cardinaux compétent, le pape et ses successeurs dans la curie romaine ou « ses » dépendances. L'avènement de Jean-Paul II était donc une rupture. Une vraie rupture d'avec cette autochtonie à la vaticane, qui trouva logiquement quelque prolongement heureux dans la nomination d'un Allemand, Sa Sainteté le pape Joseph Ratzinger/Benoît XVI, comme successeur du Polonais. Mon ami Ansoumana Mané, marabout de son état, ne prédisait-il pas, à juste titre, en 1978, que l'Église catholique et le monde entier trouvaient, en la personne de Jean-Paul II comme pape, une chance inouïe ? Que celui-ci abattrait un travail pastoral qu'aucun de ses prédécesseurs n'eût jamais réalisé ? Et que son successeur moissonnerait confortablement ses lauriers pastoraux ?...

Aussi, la notion d'autochtonie ne se fonde-t-elle pas toujours sur l'appartenance ou l'origine territoriale ou géographique. Il est, en effet, au Sénégal comme dans d'autres pays du continent africain, quelque autre forme d'autochtonie, plus pernicieuse celle-là, qui voudrait que certains citoyens, quoique de souche, soient réputés « inéligibles » aux hautes fonctions de l'État, pour être déclarés *castés*. Il s'agit, en fait, de personnes dont une certaine tradition attribuerait l'origine ou l'appartenance à des castes vouées pour l'essentiel à toutes sortes de tâches, excepté les fonctions éminentes de l'État, voire de certains établissements ou entreprises publics. Juridiquement, ces personnes sont éligibles à toutes les fonctions électives dès lors qu'elles jouissent de leurs droits civiques, mais guère sociologiquement. L'arbitraire sociologique contre la règle juridique ! la tradition contre la loi ! même si nous nous trouvons dans le contexte de la démocratie constitutionnelle, et ce exactement au moment où nous entrons en fanfare dans le $21^{\text{ème}}$ siècle.

Sur le plan strictement du droit, la notion d'autochtonie, lorsqu'elle est objectivement érigée en une disposition constitutionnelle ou légale, apparaît alors comme une balafre juridique. Elle est telle parce que, précisément, si la plaie dont elle tient son origine ne saigne plus, la balafre, quant à elle, demeure visible, indélébile et exploitable à souhait. Le commerce pouvant en résulter, notamment entre le monde politique et celui du droit, ne peut ainsi déboucher que sur une pétaudière, comme on a pu l'observer pour le déplorer et le condamner en Côte-d'Ivoire.

Au plan politique, la notion d'autochtonie, c'est tout ce qu'il y a de plus liberticide et de plus démocraticide, pour être justement attentatoire aux principes du libre arbitre, de la libre circulation et du libre établissement des personnes sur toute l'étendue du territoire national. À ce sujet, j'ai la faiblesse de beaucoup apprécier, d'une part, le système français où, à titre d'exemple, un Jack Lang, après avoir été ministre de la République plusieurs fois et élu des années durant député-maire de Blois, dans le centre du pays, pourra aller, la tête haute, imperturbablement, briguer les suffrages des électeurs du nord de la France et ce, faut-il encore insister, le plus banalement du monde, et, d'autre part, les systèmes réunis de France et d'Allemagne où un Daniel Cohn-Bendit a pu, indistinctement, indifféremment, prétendre à telle ou telle investiture politique, laissant sûrement pantois, faute de mieux ou de pire, des autochtonistes déclarés ou non, qui n'eurent guère mieux à faire qu'à se demander, finalement, si celui-ci était plus Français qu'Allemand ou inversement. C'est là, manifestement, un signe incontestable de maturité politique et démocratique. Mais ce peut être aussi une leçon précieuse pour nos jeunes démocraties ou nos démocraties naissantes.

Sur le plan de la morale ou de l'éthique, la notion d'autochtonie est tout simplement révulsante. Elle est même révulsante à plus d'un titre. Tout d'abord : en raison de ce que, qui que nous soyons, d'où que nous soyons, nous venons nécessairement à la fois de quelque part et de nulle part. Ensuite : parce que les frontières psychologiques ou mentales, quand elles existent, ne peuvent avoir de sens, en l'occurrence, que dans le fait même qu'elles n'auraient pas dû exister, là où leurs semblables territoriales et géographiques n'ont d'existence que virtuelle et doivent être appréhendées pour ce qu'elles sont, c'est-à-dire des frontières virtuelles. Et, enfin : dans la mesure même où la société, toute société, pour croître et se pérenniser, doit être mixte et le demeurer, nécessairement. Elle se doit, en effet, pour exister en tant que telle *ad vitam aeternam*, d'être intrinsèquement mixte, tant sur le plan économique (libéral et socialiste), social (y compris ethnique et communautaire), culturel (y compris religieux et spirituel) et politique (notamment institutionnel et en termes d'opinions). J'en veux pour exemple sinon pour preuve, entre autres, cette légende biblique qui veut que, à la faveur de la tradition autochtoniste de l'époque concernée, Isaac, fils d'Abraham et de Sara, épouse Rébecca, fille de Bétouel, celui-ci étant issu de l'union entre Nahor, frère d'Abraham, et de Milka, fille de Haran, autre frère d'Abraham. Or, très vite, Isaac apprend, à ses dépens, que Rébecca ne peut lui donner d'enfant, tandis que le coupable est tout désigné : Rébecca est déclarée stérile, mais d'une stérilité que Dieu se dépêchera de lever à la mesure de la foi d'Isaac en Lui. N'eût été donc l'intervention miraculeuse de Dieu (c'est-à-dire une intervention étrangère, extérieure), selon la même légende biblique, la ramification de la société, via l'union d'Isaac et de Rébecca, se serait sûrement arrêtée net, sans appel, au nom de l'autochtonie. Un peu d'esprit cartésien nous apprendrait, cependant, probablement, que la stérilité déclarée de Rébecca n'en est pas une en réalité et que l'on ferait mieux d'en rechercher les causes ailleurs et – pourquoi pas ? – dans le problème biologique évident lié à cette union consanguine entre Isaac et Rébecca. De même, la stérilité annoncée de Sara devrait s'inscrire, à plus forte raison, dans cette même logique, d'autant plus qu'elle est une demi-sœur d'Abraham. ''D'ailleurs il est vrai qu'elle est ma sœur : elle a le même père que moi, mais non la même mère, c'est pourquoi elle a pu devenir ma femme'' (Gn 20,12), dit Abraham de son épouse, frappée d'une stérilité que le Bon-

Dieu, selon la Bible, va toutefois rompre avec la naissance, certes tardive, mais opportune, d'Isaac, en récompense de la foi de Sara et du Père des Croyants. Ainsi, déjà, la société, dans son prolongement par l'intermédiaire d'Abraham et de Sara, aura sauvé sa tête d'extrême justesse. À l'inverse, bien évidemment – naturellement devrait-on dire ! – de cette autre ramification de la société incarnée par l'union, fût-elle brève, entre Abraham et Agar, sa servante, mais entendez son esclave et donc forcément étrangère à sa propre lignée, et qui devient, sans doute pour cette même raison, on ne peut plus prolifique depuis la naissance d'Ismaël par cette union, toujours selon la même légende biblique. C'est dire que l'autochtonie, d'où qu'elle se manifeste et, *a fortiori*, quand elle prospère, est nécessairement le révélateur, sinon d'un déclin de la société, du moins d'une crise sociétale.

L'autochtonie est par conséquent, en soi, un phénomène dangereux et nocif dont la phase ultime est, à mes yeux, assimilable à ce que l'on appelle l'autarcie. En effet, le vivre autochtone, n'est-ce pas, d'une certaine manière, et même fondamentalement, le vivre autarcique ? Certes, le phénomène d'autochtonie, comme celui d'autarcie, se fonde généralement sur un bon sentiment. Il est même d'autant plus enivrant qu'il part souvent, presque toujours, du meilleur des sentiments. Quoi de plus alléchant, en effet, que de s'entendre dire qu'on est forcément l'heureux « élu » de la famille, du terroir ou du pays, pour en être un fils authentique ?

Tout récemment, l'on aurait découvert, en pleine jungle amazonienne, un peuple dit primitif, qui serait extrêmement réduit en termes démographiques et qui vivrait dans l'autarcie la plus totale. Si cela est avéré et si, de surcroît, ce peuple a choisi délibérément de vivre de manière absolument ou hermétiquement recluse, sans qu'il n'y en ait guère d'évolution contraire avec le temps, nous pouvons être sûrs que, à terme, c'est à dire d'ici à quelques petits millénaires voire quelques siècles, il n'existera plus comme tel. Il sera, à coup sûr, éteint de sa propre extinction, même si d'aucuns s'empresseront, j'en suis convaincu, d'en attribuer la responsabilité à tel ou tel astéroïde qui, à leurs yeux, aurait alors été largué de nulle part sur le site abritant ce peuple dit primitif. Oui, si ce peuple s'exonère, volontairement ou non, de tout apport extérieur, pour ne vivre ou survivre qu'avec les seules recettes que lui procure la vie ou la survie en autarcie, à terme, il sera fatalement voué à sa propre disparition. Il en serait sûrement de même pour nos cousins Pygmées d'Afrique centrale si, après s'être ouverts, de manière relativement maîtrisée, aux bénéfices des apports extérieurs dans leur quotidien, ils venaient, sous l'effet de je ne sais quoi, à se replier de nouveau sur eux-mêmes et pour ne plus jamais s'ouvrir à l'extérieur, à l'étranger. Du moins, à mon humble avis ! eu égard à l'idée que je me fais quant à la sauvegarde et à la pérennité de toute société. Idée selon laquelle, justement, aucune société ne saurait durablement se régénérer si elle ne s'ouvre durablement à l'extérieur, à l'étranger.

En définitive, la notion d'autochtonie est par définition discriminatoire, et même doublement discriminatoire par certains égards, en ce qu'elle sous-tend généralement le double phénomène d'ethnicisme et de racisme. C'est en tout cas ce qui semble principalement à l'origine du génocide survenu au Rwanda en 1994. En effet, dans ce pays, les deux principales « ethnies », Hutu et Tutsi, s'observent en chiens de faïence depuis la nuit des temps. Les interconnections traditionnelles entre ethnies, telles que, par exemple, les mariages, les fêtes communautaires et autres cérémonies rituelles, y sont tout simplement bannies. C'est alors que, au plus fort de cet antagonisme autochtoniste entre Hutu et Tutsi, vont se succéder au Rwanda les colonisateurs allemand et belge, qui s'appuieront notamment, dans l'exécution de leurs politiques coloniales respectives, contre toute attente, sur la minorité Tutsi aux dépens de la majorité Hutu. Ce qui, naturellement, va exacerber les rivalités entre les deux « ethnies » et, pour faire court, va déboucher, en 1994, sur ce que nous appelons le génocide rwandais. En fait, le massacre des Tutsi et des Hutu modérés par les Hutu extrémistes, consécutif à l'assassinat du président de la République, un Hutu de son état. Tout récemment, un professeur émérite de l'Université Cheikh Anta Diop de Dakar, agrégé de chimie thérapeutique, m'apprenait que, même dans son milieu, dans ce temple du savoir et de l'intelligence où la tolérance prime sur tout, quand une soutenance de thèse concernait un ressortissant rwandais, il fallait s'organiser en tenant compte, impérativement, de ce que l'impétrant était Hutu ou Tutsi. C'est dire que, lorsque le phénomène d'autochtonie, en tant que synonyme d'ethnicisme ou de racisme, se déploie dans toute sa plénitude et toute sa radicalité, on est sûr ou à peu près sûr d'assister à des drames comme celui-là. Plus près de chez nous, en Guinée Conakry, sous le règne de Sékou Touré, un Soussou, la chasse aux Peulhs – qui ont la particularité d'être une ethnie nomade et par conséquent difficilement autochtonable territorialement ou géographiquement – n'avait-elle pas fait des ravages à l'image, toutes proportions gardées, du génocide rwandais ? Mais, faut-il le rappeler, le phénomène d'autochtonie, incarné et imprimé en Guinée par Sékou Touré, n'avait pas que fait des victimes auprès des Peulhs. Il avait aussi asphyxié le pays tout entier – en raison donc du refus paranoïaque, de la part de l'homme fort de Conakry, de s'ouvrir à l'extérieur (à l'exception du cas quasi unique, et aucunement rentable, de l'ex-URSS et de ses satellites) – et plongé la nouvelle république socialiste dans un gouffre économique innommable, dont le Peuple guinéen, aujourd'hui encore, paie le prix fort. L'autochtonie dans nos pays, nos régions, nos villes ou nos villages, qu'elle soit communautaire ou ethnique, apparaît ainsi comme un fléau dont nos économies naissantes, déjà très mal en point, se passeraient volontiers. L'autochtonie n'est pas et ne saurait être une denrée propre à la consommation, même si, dans le Zaïre de Mobutu Sésé Seko, elle a permis l'institution d'une monnaie de singe, le zaïre, qui procura jadis quelque fierté, certes chèrement payée, mais quelque fierté au Peuple congolais.

4. L'autochtonie dans les associations

L'autochtonie, je l'ai dit, ne saurait être une denrée propre, ni pour la consommation locale ni pour l'exportation. Il se trouve, cependant, hors de nos terroirs, par le truchement d'associations, des avatars – que dis-je ? – de parfaites répliques des phénomènes d'autochtonie, d'ethnicisme ou de racisme que nous rencontrons ici ou là dans nos propres « pays ». En effet, tout le monde le voit, des associations prolifèrent ici ou là, qui sont créées sur « fonds propres », synonymes d'appartenance à la même communauté ou ethnie, et qui prospèrent énormément, notamment en corrélation étroite avec le développement de l'exode rural, de l'émigration ou de l'immigration, selon que cela s'opère à l'intérieur du même terroir, de la même région ou du même pays ou encore, à plus forte raison, à l'étranger. Comme toujours, cela part, sinon d'un sentiment appréciable, du moins d'un bon prétexte. En l'occurrence, le prétexte de trouver ou de retrouver quelque force dans l'union ; le prétexte, aussi, de se préserver contre le « mauvais » du « pays » d'accueil et, donc, le prétexte de demeurer intact, vierge ; le prétexte, encore, de prédisposer sa progéniture à quelque facilité heureuse dans son intégration future sinon prochaine à son « pays », à son ethnie ou à sa communauté d'origine ; le prétexte, toujours, mais guère jamais avoué, de contrer toutes opportunités de mixité d'avec la société d'accueil. À ce propos, quelle ne fut ma stupéfaction lorsque, rencontrant un grand frère joola, en juillet 2001, à l'hôpital neuro-cardiologique de Bron, en France, où tous les deux nous rendions visite à un ami commun, un joola, et à un de mes amis maliens, je m'empressai de lui présenter mes félicitations, suite au mariage de sa fille ? ''Garde tes félicitations pour toi, je n'ai pas marié ma fille'', me dit-il. En réalité, elle était mariée, et bien mariée. Autrement dit, elle était mariée d'un mariage authentique – il n'était pas blanc, ce mariage là ! – mais d'un mariage consommé avec un Français de souche, entendez un Blanc. Or, quelques années plus tard, je devais rencontrer ce grand frère joola, dans une tout autre circonstance, pour m'entendre dire que, dorénavant, il accepterait volontiers mes félicitations fameuses, car il avait finalement m-a-r-i-é sa fille, d'un vrai mariage, c'est à dire d'un mariage de « chez vrai », entendez un mariage contracté avec un joola, comme nous. Interloqué, je lui dis : ''Je préfère plutôt me désoler de son divorce''. Aussi, est-ce pour cette raison, entre de tas d'autres, que, depuis mon entrée en France en 1983, je me suis obstinément refusé à intégrer l'association dont celui-ci est un père fondateur, respecté comme tel par tous ses pairs. Des associations, comme celui de ce grand frère joola, ne se comptent plus en France, qui font opportunément fortune, d'une part, sur le terrain en friche de ce que l'on appelle communément l'intégration en France et, d'autre part, sur le terreau du racisme qui fait les beaux jours d'une certaine extrême droite française. C'est ainsi qu'un bon matin – ou un bon soir ! – en France, sur le territoire métropolitain même, est né un certain Conseil Représentatif des Associations Noires, le CRAN. Celui-ci se veut, à ce titre, en sa qualité de structure fédérative des associations noires, à la fois le porte-parole de ces dernières et le porte-étendard de la communauté noire sinon de la « race » noire. Étant, par définition, un conseil représentatif des associations noires, le CRAN n'en est donc pas moins exclusif de toutes autres associations. Ce qui pose problème. Ou, à tout le moins, exactement à l'instar de chacune des associations qu'il représente on ne peut plus crânement, le CRAN est par essence un problème. Car, en effet, me semble-t-il, beaucoup parmi les valeurs que le CRAN dit incarner dans sa stratégie de lobbying en faveur des Noirs, sont largement voire autrement mieux partagées par des Blancs. Quid, alors, de la marge de manœuvre de ces derniers dans ce qui leur apparaîtrait comme un combat légitime qui vaudrait la peine d'être mené, y compris donc par des Blancs, comme eux ? Je ne sache pas ce que pourrait bien être la couleur du contribuable français, c'est-à-dire de celui-là même qui passe pour le principal bailleur de fonds de ces associations. Bien malin celui qui s'exercerait à la dépeindre. Mais j'aurais tellement aimé qu'elle fût à l'image même du CRAN.

Restons encore en France pour nous intéresser à ces « églises » noires, qui y pullulent avec frénésie depuis des hangars et autres caves opportunément offertes par certains immeubles, et qui y officient, fût-ce avec ferveur, professant alors leur foi sous le couvert douteux sinon suspect de l'autochtonie cultuelle africaine. Ces « églises » se veulent généralement camerounaises ou congolaises. En tous les cas, je suis d'autant plus à l'aise pour les évoquer que l'existence de l'une d'entre elles, à Lyon, est le fait principal de l'un de mes meilleurs amis, Samuel, le Vieux comme je l'appelle affectueusement, un Camerounais-Bassaa. Elles sont certes protestantes, mais elles se veulent aussi et avant tout camerounaises ou congolaises. Elles ne seraient même protestantes que parce que camerounaises ou congolaises, pour être bâties sur des fonts baptismaux communautaires ou ethniques, même si, ici, je le reconnais, les Blancs, surtout les Blancs serais-je tenté de dire, ont toute leur place. Donc, ici, la couleur de peau importe peu. Ce qui, au contraire, l'est davantage, c'est l'origine du « pasteur » officiant. Celui-ci doit, en effet, impérativement et pour beaucoup de raisons indicibles, être un Camerounais ou un Congolais. Bref ! un Africain Noir. Mes innombrables et interminables causeries avec le Vieux témoignent souvent des difficultés que nous éprouvons l'un et l'autre à comprendre ce qui pourrait bien participer objectivement de cet état de fait. Ce ne sont pourtant pas des Églises protestantes qui manquent en France. Mais, dans l'entendement de ceux qui se fondent littéralement dans ces communautés camerounaises et congolaises pour se confondre à elles, il vaut mieux s'affranchir de la tutelle de l'Église réformée de France, au nom de l'idée qu'ils se font de l'autochtonie cultuelle à l'africaine, avec tout ce que cela comporte en termes de contradictions voire de contresens sinon de contre-vérités au regard du Message évangélique.

5. L'autochtonie telle qu'instrumentalisée par les partis politiques

Le phénomène d'autochtonie dans les partis politiques, je dois l'admettre d'emblée, se voit moins. Il est beaucoup moins visible et donc, pour cette seule raison, extrêmement pernicieux. C'est que, ici, le dénominateur commun aux militants et aux sympathisants concernés, c'est l'idéologie dont est porteur officiellement le parti. Or, à l'heure des investitures internes, *a fortiori* externes, la logique autochtoniste prend généralement le pas sur la légitimité des candidats concernés, sans aucune autre forme de procès politique. À titre d'exemple, si Mademba, entrant en compétition, n'est pas un fils du terroir concerné, on peut ne pas le lui reprocher publiquement, encore moins officiellement. Mais, si besoin en est, vous pouvez être sûrs qu'on ne se privera pas, dans les faits, de le lui faire payer au prix fort, astucieusement, et le plus banalement du monde. Ce ne seraient guère les adeptes de Machiavel qui, à ce sujet, me démentiraient, s'il pouvait leur arriver d'être intellectuellement honnêtes. Car les exemples, en l'occurrence, sont aussi prospères voire davantage nombreux qu'il n'y a de partis, où qu'ils élisent domicile. Le phénomène d'autochtonie est donc une réalité dans la quasi-totalité des partis politiques existants. Ce qui, d'ailleurs, apparaîtrait normal. Du moins, au commun des mortels. Mais ce qui le serait quelquefois moins, c'est quand les candidats, investis par et dans leurs partis respectifs, vont à la conquête des suffrages des citoyens-électeurs. Sous ce rapport, en effet, je me souviens des résultats, du reste prévisibles, de l'élection présidentielle du 25 février 2007, au Sénégal, où les candidats ressortissants de la Casamance, tous réunis, ont été battus à plate couture dans leur propre terroir, pour s'être imaginés, à tort cette fois-ci, que, même avec un investissement politique minime, la seule idée qu'ils se faisaient de leur appartenance casamançaise et des bénéfices qu'ils en attendraient légitimement, suffirait à elle seule à les faire prospérer en Casamance pendant ce scrutin. Ils se seraient, en effet, imaginés que les précieux acquis pour la Casamance, signés MFDC, à la faveur du conflit qui l'oppose à l'État du Sénégal depuis 1982, leur seraient de toute manière, coûte que coûte, favorables lors de cette élection présidentielle de février 2007, alors que les résultats publiés puis validés par le Conseil constitutionnel devaient subitement les faire sortir de ce qui passait alors pour un sommeil politique profond. Les citoyens-électeurs casamançais, qui refusaient ainsi de verser dans le phénomène d'autochtonie auquel on les conviait si incidemment et si insidieusement, si sournoisement, faisaient preuve, en l'occurrence, d'une maturité politique certaine. Toutefois, c'était sans compter avec l'obstination de deux parmi les plus gros pontes de la politique en Casamance qui, lors du scrutin législatif suivant, devaient se payer le luxe de récidiver, notamment, je l'ai déjà évoqué, au moyen de discours ouvertement et franchement ethnicistes. En fait de discours, il s'agissait plutôt, pour l'essentiel, d'un appel du pied à l'intention des militants et des combattants du MFDC, qui eussent pu trouver là quelques « bonnes » raisons de radicaliser leurs revendications, faute de soutenir massivement l'un ou l'autre des deux candidats. Des témoignages sérieux avaient fait état de l'existence de réseaux mafieux chargés de traduire ces discours populistes et ethnicistes dans un langage sensible et familier à certains militants, combattants et sympathisants du MFDC et de les colporter dans les milieux les plus réceptifs ou considérés comme tels. N'eût été notre intervention à la mesure de notre responsabilité au sein de ce mouvement, peut-être aurions-nous déjà frôlé le pire. Dans tous les cas, à peine le cynisme se mêla-t-il, certes avec tact, au phénomène de l'autochtonie à la casamançaise, que nous voilà déjà installés, de manière insoucieuse, sur une nouvelle poudrière, aux conséquences politiques, socio-économiques et culturelles insoupçonnées, tant au Sénégal même que dans la Sous-région voire au-delà. Et ce, exactement hélas ! au moment où je prône, avec mes amis, comme solution de sortie de crise dans la région méridionale du Sénégal, une autonomie de la Casamance, au même titre que chacune des autres Régions Naturelles du pays, dans le cadre d'une République tournée définitivement vers la modernité et la prospérité, pour s'être érigée en un État fédéral, rompant en l'occurrence avec le centralisme ultra-rigide, le centralisme jacobin, c'est-à-dire le centralisme à la française, qui prévaut dans ce pays depuis son indépendance déclarée en 1960.

6. L'autonomie ne saurait être l'autochtonie

6.1. De la notion d'autonomie

Si l'on en croit John Rawls, le principe d'autonomie serait le fait d'« agir à partir de principes (objectifs) auxquels nous consentirions en tant qu'êtres rationnels, libres et égaux, et que nous devons comprendre de cette façon »(2). L'autonomie serait, à ce titre, la liberté complète de former nos opinions, tandis que nos jugements en conscience devraient être absolument respectés. Encore que, objecte Rawls, il ne soit pas tout à fait vrai que ces derniers doivent nécessairement et absolument être respectés, ni davantage vrai que les individus soient totalement libres de former leurs propres convictions, d'autant que « nous ne devons pas respecter au pied de la lettre la conscience d'un individu. Nous devons plutôt le respecter comme personne, ce que nous faisons en ne limitant sa liberté d'action – quand cela s'avère nécessaire – que dans la mesure où les principes que nous respectons tous deux nous le permettent »(3). Sous ce rapport, nous ne pouvons qu'admettre l'idée que toute personne doive être autonome et espérer sinon encourager l'objectivité de ses jugements bien pesés et bien réfléchis.

Malgré, donc, les traits individualistes de la notion d'autonomie, celle-ci ne peut s'exprimer de manière pertinente qu'au sein d'une communauté ou d'une société, en tant que l'une ou l'autre doit être comprise comme une entreprise de coopération concourant à des avantages mutuels ou à une identité d'intérêts, quoique cela puisse déboucher sur un conflit d'intérêts. Or, une communauté ou une société, quelles qu'elles soient, ne sont pas une valeur en tant que telle. Elles constituent souvent, presque toujours, un lourd fardeau pour leurs membres, pour être des instruments mis à leur disposition et qu'il convient d'utiliser avec modération, pour ne pas dire de manière rationnelle, avec sagesse. C'est, pour ainsi dire, que la communauté ou la société devient nécessairement un problème lorsqu'elle cesse d'être un moyen, un outil pour nos fins privées et/ou publiques, pour alors apparaître comme une valeur. Une valeur, comme celle que l'on véhicule et que l'on attribue généralement à l'existence, en tant que telle, de telle ou telle association érigée sur des fonts baptismaux autochtonistes.

6.2. Le principe d'autonomie appliqué aux institutions en général

Mon propos, ici, part du postulat selon lequel nous nous trouvons dans le contexte d'une démocratie constitutionnelle. Dans un tel contexte, tout le monde en convient, le principe d'autonomie appliqué aux institutions suppose avant tout une pluralité.

Il suppose, en effet, notamment, une pluralité de « centres autonomes de décision (et en même temps) exige que des ''organes locaux'' aient la maîtrise juridique de leur activité, c'est-à-dire qu'ils soient libres de prendre, dans le respect des lois et règlements, la décision qu'ils veulent »(4). Dès lors, dans le cadre par exemple d'une collectivité nationale étatique, qu'elle soit simplement fonctionnelle (en ce que les fonctions administratives sont atomisées) ou territoriale (le critère spatial ou géographique étant davantage pris en compte), l'autonomie sous-tend la nécessité de « partage de l'atome de la souveraineté, c'est-à-dire la répartition constitutionnelle des compétences entre deux ordres de gouvernement (par exemple dans le contexte d'une fédération) les États fédérés et l'État fédéral, chacun étant suprême dans sa sphère d'action (Corwin, 1950) »(5). À ce titre, le fédéralisme, en tant que système d'autonomie ou de décentralisation le plus abouti, du moins à mes yeux, « peut se muer en véritable idéologie, c'est à dire non plus en un ensemble de questions, mais une série de réponses »(6), ainsi que je m'y attelle au Sénégal, avec mes amis, dans le cadre de la nationalisation progressive du Mouvement des Forces Démocratiques de la Casamance (MFDC) et, à terme, de son accomplissement comme Mouvement pour le Fédéralisme et la Démocratie Constitutionnels (MFDC-fédéraliste).

6.3. L'autonomie au Sénégal comme solution de sortie de crise en Casamance

Mademba n'est pas natif du terroir. Et alors ?

a)- Pourquoi ma vision fédéraliste ne saurait être autochtoniste

Tous les Peuples du Sénégal (le Peuple du Fleuve, le Peuple des Niayes, le Peuple du Ferlo, le Peuple du Sine-Saloum, le Peuple du Sénégal Oriental et le Peuple de la Casamance) sont, chacun, multiethniques par essence et, par vocation, égalitaires en eux-mêmes d'une part et, d'autre part, les uns vis-à-vis des autres, en ce qu'ils se définissent eux-mêmes comme participant de leur intégration dans un seul et même Peuple sénégalais, mobilisé vers un seul et même But sénégalais, à la faveur d'une seule et même Foi sénégalaise. À cet effet, le Peuple sénégalais doit être compris comme l'addition de ces Peuples composant le Sénégal. Aussi, prôner une réhabilitation de ces Peuples du Sénégal comme tels sur toute l'étendue de leurs territoires respectifs (les Régions ou Provinces naturelles) et autour de vraies capitales économiques provinciales, ne doit ni ne peut, sous aucun prétexte, laisser place à je ne sais quelle forme d'autochtonie chez nous.

L'idée d'autonomie, au Sénégal, dans le cadre d'une dynamique consensuelle de profonde décentralisation de type fédéral, doit avant tout s'inscrire dans la recherche permanente de mécanismes d'administration apaisée de notre nation. À ce titre, ma démarche se veut moderne et donc, par définition, elle s'adresse en priorité aux Modernes, par opposition naturellement à ceux qui se réclament Anciens, en tant qu'ils passent pour des dinosaures survivants et défenseurs irréductibles du centralisme jacobin. Des citoyens libres qui s'accomplissent dans le cadre d'institutions autonomes, lesquelles s'accomplissent elles-mêmes, en toute liberté, dans un système apaisé de type fédéral, dans le strict respect des lois (principalement de la première d'entre elles, la Constitution) et des règlements en vigueur : voilà la seule et unique gageure qui me mobilise et, avec moi, mes amis, dans la conception puis le déroulement sinon le développement de ma vision fédéraliste. Une gageure exaltante à plus d'un titre. En raison, tout d'abord, de ce qu'elle constitue en soi une opportunité voire un prétexte de réconciliation sénégalo-sénégalaise. Mais c'est une gageure qui se veut, aussi, opérationnelle et efficace, en ce sens qu'elle entend cristalliser les énergies disponibles dans l'édification d'un État fédéral, moderne et prospère, autour de valeurs telles que : la liberté de conscience, de pensée et d'action ; l'égalité des droits ; la tolérance, y compris surtout à l'égard des intolérants ; la justice (politique, sociale et économique).

b)- Ma vision fédéraliste se veut avant tout volontariste

Tout le monde l'aura compris, ma vision fédéraliste se veut avant tout volontariste. Elle constitue, en effet, une vraie rupture dans la vie politique au Sénégal, autant qu'elle promet une révolution institutionnelle de l'État, dès lors que, dans le contexte national nouveau que je préconise, la souveraineté n'appartiendrait plus exclusivement ni à l'État central ni aux Régions ou Provinces fédérées, mais au Peuple sénégalais (cette émanation des Peuples du Sénégal sus-cités) qui s'exprimerait, dorénavant, par ces deux canaux, aussi différents l'un de l'autre qu'ils ne sont complémentaires. Cette vision, si elle se réalisait, consacrerait alors deux formes de légitimité au sein de la Nation sénégalaise : celle de la Nation elle-même, la légitimité de l'État fédéral, et celle des territoires régionaux, la légitimité des Régions ou Provinces fédérées.

c)- Mon fédéralisme se veut un projet politique

Mon fédéralisme se veut aussi un projet politique et, pour cela, à l'avant-garde des débats politiques qui ne manqueront pas de prévaloir, certes en Casamance, mais également dans les autres Régions naturelles du Sénégal. Mon manifeste politique intitulé ''Mouvement pour le Fédéralisme et la Démocratie Constitutionnels : un pari politique pour la paix définitive en Casamance, au Sénégal, et dans la Sous-région''(7), comporte l'essentiel de mon projet fédéraliste. Pour autant, il m'apparaît nécessaire de préciser ici que si, du point de vue sémantique, ma vision politique, dans son intitulé, n'est pas innocente (parce qu'elle procède d'une stratégie certaine), l'exigence d'autonomie, sur la base de laquelle elle se fonde principalement, est une exigence politiquement neutre sur le plan des principes et certainement aussi une (pré)disposition démocratique quant à sa finalité. Elle est, en effet, politiquement neutre dans la mesure où elle n'obéit guère à aucune espèce de caprice d'aucune sorte de formation ou de pouvoir politique. Elle vise au contraire à instituer une règle générale d'administration de l'État central et des Régions ou Provinces, fondée sur le principe d'autonomie juridique de celles-ci face à celui-là, tant pour l'élection ou la nomination de leurs exécutifs respectifs que pour leur révocation. Or, si nous convenons que l'élection doit être le critère par excellence de l'autonomie des Régions ou Provinces, nous devons tout autant admettre que toute entité autonome (en l'occurrence la Région ou Province) est nécessairement une institution démocratique, c'est-à-dire cette heureuse finalité escomptée au travers, justement, de ma vision fédéraliste.

d)- Le fédéralisme au Sénégal : une solution à la question nationale

La nationalisation des Régions naturelles du Sénégal est à la fois un fait et un acquis constitutionnels. Du point de vue du droit, elle est donc un acquis indéniable. Mais sur le plan politique, elle reste à construire, notamment en raison de ce que le Sud, depuis trois décennies, est, en l'occurrence, en porte-à-faux avec le reste du pays. En effet, face à une administration extrêmement méprisante dans la gestion de la Casamance, avec des méthodes frisant des pratiques dignes de l'apartheid, les Casamançais manifestèrent leur ras-le-bol le 26 décembre 1982, à travers des rassemblements massifs et des marches dans les artères de Ziguinchor, auréolés de drapeaux tout blancs (symbolisant leur caractère pacifique) et de slogans somme toute provocateurs. En guise de réponse, l'État opposa aux manifestants une répression aussi féroce que disproportionnée, sauvagement menée par l'armée nationale. Ces rassemblements et ces marches dans les rues de Ziguinchor relevaient de l'ordre public aux yeux des autorités. Mais, curieusement, on y largua, pour toute réponse « républicaine », l'armée plutôt que la gendarmerie ou la police. Se posa, alors, en toute légitimité, la question de savoir si les Casamançais étaient des citoyens sénégalais et la Casamance une partie intégrante du territoire national.

Les Casamançais crièrent leur ras-le-bol devant les pratiques iniques de l'administration et, sans aucune autre forme de procès, l'État, sous le régime du président Abdou Diouf, les expédia sans ménagement aucun dans le maquis casamançais. Déjà, en 1993, sous le titre provocateur *Sénégal : le complot permanent*(8), je dénonçai pour ma part ces pratiques d'un autre âge de la part de l'administration, en ces termes :

Mademba n'est pas natif du terroir. Et alors ?

« Lorsqu'en 1960 le Sénégal accède à l'indépendance, Ziguinchor devient la capitale régionale de la Casamance. Les instances administratives, chapeautées par un gouverneur, seront toutes dirigées par des fonctionnaires venus du Nord, essentiellement des Ouolofs, jusqu'aux années 1980. Pourtant, les cadres originaires de la Casamance sont généralement connus pour leur compétence et leur intégrité morale. Du moins ils ne sont considérés comme tels que dans les administrations basées au Nord où un système de lavage de cerveau les purgerait de tous sentiments séparatistes.

« De plus les Casamançais vont assister, impuissants, à un processus d'urbanisation sauvage dans les grandes villes, notamment à Ziguinchor. C'est ainsi que des citadins sont dépossédés de leurs propriétés et des paysans de leurs meilleures terres, au profit des ''familles'' de ces fonctionnaires parachutés au Sud, ''conformément'' aux dispositions d'une certaine loi dite du domaine national.

« Cette opération scandaleuse a atteint son paroxysme lorsque des autorités administratives ont fait raser un cimetière à Ziguinchor pour, tenez-vous bien, la construction d'un hôtel, le ''Néma Kadior'', au plus grand mépris des populations qui y avaient inhumé les leurs. Alors que parallèlement, on assistait au détournement, de Ziguinchor à Diourbel, de l'Hôpital Heinrich Lüebke offert par l'Allemagne.

« Si les instances administratives de la Casamance avaient été autonomes, il aurait pu s'agir de bavures administratives. Or il s'avère que, depuis 1960, Dakar, ayant pris le relais de Paris dans (l'administration) de la Casamance, y a implanté des antennes administratives, notamment dans les villes et les chefs-lieux d'arrondissement, qui constituent de véritables pouvoirs satellites pour l'Administration Centrale. Ainsi l'Administration en Casamance a cette fâcheuse particularité de n'avoir pas pour mission d'administrer la Casamance et les Casamançais... »

La rébellion casamançaise était alors née, de manière improvisée, subitement, tandis que le Mouvement des Forces Démocratiques de la Casamance (MFDC) devait renaître de ses cendres pour se radicaliser dans le cadre de ce qu'il appellera la lutte pour la libération nationale de la Casamance. Au plus fort de cette dernière, l'ancien président du Conseil, Mamadou Dia, déclara : « S'agissant de la situation en Casamance, tous s'accordent à reconnaître son exceptionnelle gravité.

Les deux camps se rendent coupables de violations inacceptables des droits de l'homme qui ont été dénoncées par certaines organisations comme Amnesty International ou la RADDHO (Rencontre Africaine pour la Défense des Droits de l'Homme). Le problème casamançais est un vieux problème. C'est pourquoi mon gouvernement avait fait de l'intégration de la Casamance dans l'ensemble sénégalais la priorité. Un plan intérimaire avait été conçu pour résorber les tendances séparatistes décelables dès l'époque car, il faut le reconnaître et le dire, le colonisateur n'avait pas intégré la Casamance dans le Sénégal (pour mieux le comprendre, le lecteur peut se référer à mon pamphlet : ''Pourquoi la Casamance n'est pas indépendante. Une introspection prospective''(9). Après décembre 1962, ce plan a été abandonné et nous vivons aujourd'hui les tragiques conséquences de cet abandon. C'est pourquoi j'ai fait certaines propositions qui sont très claires. Ces propositions, je les ai adressées à Abdou Diouf qui n'a pas eu la courtoisie de me répondre. Senghor, lui, aurait répondu. J'ai également adressé une correspondance à Abbé Diamacoune Senghor, Secrétaire Général du MFDC, laquelle m'a été purement et simplement retournée au motif qu'elle ''n'aurait pas été réclamée par le destinataire''. Comment l'Abbé, mis en résidence surveillée dans les conditions les plus strictes, pouvait-il deviner l'existence de cette correspondance et la réclamer ? Je crois qu'il est urgent d'intervenir sur ce dossier casamançais, avant qu'il ne soit trop tard (...) Ce que vous venez d'entendre c'est la parole qui ne ment jamais, la parole qui ne se renie jamais, la parole qui ne trahit jamais ; c'est la parole de l'éternel. Tel est mon cri du cœur ! »(10).

Pour l'essentiel, dans ses missives adressées en 1995 au président Abdou Diouf et à l'Abbé Augustin Diamacoune Senghor et rendues publiques en juin de la même année,

Mademba n'est pas natif du terroir. Et alors ?

Mamadou Dia suggérait « la tenue d'assises nationales comprenant, outre le MFDC dans toutes ses composantes, le gouvernement, les partis politiques et les organisations et personnalités de la société civile. L'objet de ces assises serait, en plus d'un cessez-le-feu contrôlé par les pays africains voisins et la démilitarisation de la Casamance, la définition d'un statut spécifique, s'inspirant de l'histoire et des réalités d'aujourd'hui.»(11)

L'acuité avec laquelle se pose la question nationale trouve ici, dans les propos de Mamadou Dia, une résonance aussi symbolique et politique qu'il est urgent, comme le suggère l'ancien président du Conseil, de résoudre définitivement et avec réalisme la crise sénégalaise en Casamance, en s'inspirant, en effet, de l'histoire et des réalités d'aujourd'hui, si tant est qu'il soit vraiment sincère dans sa démarche.

Or, malheureusement, il ne s'est trouvé aucun Républicain, au Sénégal, pour saisir au vol ce ballon d'oxygène lancé par Mamadou Dia. Tout au plus, a-t-on assisté en 2007, c'est-à-dire une douzaine d'années après cette sortie opportune de M. Dia, à la tenue d'assises dites nationales, à l'initiative de partis de l'opposition sénégalaise. Officiellement, il s'agirait de traiter de tous les problèmes qui se posent déjà ou qui pourront se poser à l'avenir au Sénégal, parmi lesquels, nous dit-on, la crise casamançaise, alors que le véritable objectif de ces assises, non avoué par certains, mais franchement avoué par d'autres, consisterait plutôt, pour leurs promoteurs, à bouter hors du pouvoir le président Abdoulaye Wade et son régime. Sinon comment comprendre que, ni avant ni pendant le déroulement de ces assises dites nationales, le secrétaire général du MFDC n'ait été approché ès-qualité, ni de près ni de loin, par aucune autorité d'aucune sorte se réclamant des organisateurs de ces dernières, quand on sait par ailleurs que le seul problème qui vaille fondamentalement la peine d'être traité, en tant qu'objet unique d'assises nationales, est précisément le ''problème casamançais''? Je crois entrevoir, d'ores et déjà, des Républicains pur-sang, levant le doigt pour nous stigmatiser, mes amis et moi, d'antirépublicains, comme seule réponse possible à cette dernière interrogation. Mais je les surprendrais sûrement en leur donnant raison en l'occurrence, d'une certaine manière. Pour autant, faut-il le rappeler, la République, en son sein, ne sait pas toujours distinguer ses Républicains des autres. En tous les cas, ce ne sont pas les Casamançais qui me démentiront, eux qui, lors de l'offensive aveugle de l'armée de la République contre les Rebelles, étaient indistinctement malmenés, sinon maltraités par cette dernière plus de deux décennies durant. Ainsi, beaucoup de Casamançais, essentiellement des Républicains, y ont trouvé la mort au nom de la République.

Pour mémoire, il n'existe au Sénégal qu'une voie susceptible de conduire et d'installer au pouvoir un citoyen ou un parti ou ensemble de partis politiques : les élections ! Les élections à l'issue desquelles il n'y a, fatalement, qu'une alternative : ou vous les gagnez, ou vous les perdez, à plus forte raison lorsque vous les boycottez pour des raisons qui vous sont propres. Donc entre les deux, il n'existe rien. Du moins en principe, car faute de mieux ou de pire, au Sénégal, l'on a inventé entre les deux extrêmes de cette alternative – suite aux élections présidentielle et législatives de février et de juin 2007 – ce que l'on appelle désormais, communément, les assises nationales. C'est à dire, exactement comme jadis, en Casamance, où les Casamançais, excédés par les manquements républicains à leur égard de la part de l'administration, se levèrent, puis se réunirent à Diabir, une bourgade de Ziguinchor, dans le cadre d'assises casamançaises consacrées à cet effet, avant de braver, les mains nues, les autorités. La réaction de ces dernières, nous l'avons vu, fut d'envoyer les Casamançais rebelles dans le maquis casamançais, sans aucune autre forme de procès. J'ai dit exactement comme jadis, sauf que les acteurs (et accessoirement les méthodes) ont changé de nos jours, tandis que la riposte de l'État, fort heureusement pour la démocratie sénégalaise, ne vise pas à les expédier manu militari dans le maquis sénégalais.

Trente-cinq ans eussent donc été le temps nécessaire à l'ancien président du Conseil pour confesser publiquement que le colonisateur français n'avait pas intégré la Casamance dans le Sénégal. ''Circulez, il n'y a pas de problème, la

Mademba n'est pas natif du terroir. Et alors ?

France n'avait pas intégré la Casamance au Sénégal'',
suggérait en substance Mamadou Dia. Aussi le suspectais-je,
à tort ou à raison, de n'être préoccupé, à travers sa
déclaration, que de soulager sa conscience et, par
conséquent, réagissais-je comme suit, depuis Villeurbanne,
en France, en juin 1995 : « Diaboliquement Vôtre, Monsieur
le président du Conseil. La Reine Aline Sitowé Diatta,...
Victor Diatta, Émile Badiane, Ibou Diallo,... ne sont plus.
Eux, à l'inverse de Monsieur Mamadou Dia, n'ont pas eu la
chance de passer par les tristement célèbres prisons du
Sénégal. Car s'ils étaient Sénégalais (tel que l'entendrait le
président du Conseil), peut-être aurait-on choisi pour eux
aussi le statut de locataire des bagnes du Sénégal contre celui
de locataire des cimetières de la Casamance ou de
Tombouctou, au Mali. Il nous arrive, à nous qui ne les avons
pas connus, de nous demander quelle serait leur position
aujourd'hui dans ce processus d'indépendance de la
Casamance, s'ils étaient encore en vie. Loin de nous, en tout
cas, d'imaginer qu'ils entreprendraient la même démarche
que l'ancien président du Conseil, Mamadou Dia, qui
« propose la tenue d'assises nationales comprenant, outre le
MFDC dans toutes ses composantes, le gouvernement, les
partis politiques et les organisations et personnalités de la
société civile. L'objet de ces assises serait, en plus d'un
cessez-le-feu contrôlé par les pays africains voisins et la
démilitarisation de la Casamance, la définition d'un statut
spécifique, s'inspirant de l'histoire et des réalités

d'aujourd'hui ». Une formidable alternative, selon le président du Conseil, et à la logique référendaire et à la sécession. Monsieur Mamadou Dia préfère ainsi parler de sécession au lieu de souveraineté ou d'indépendance nationale de la Casamance, pour avoir lui-même décrété en son temps que la Casamance était « sénégalaise » (même s'il soutient tout le contraire aujourd'hui). Déchu de cette prérogative (de président du Conseil chargé d'intégrer la Casamance dans le Sénégal), la tentation pour lui demeure cependant très forte de faire produire, via les fameuses assises nationales, un nouveau décret susceptible de confirmer sa notion de « sénégalité » de la Casamance. Peut-être le président du Conseil recherche-t-il ainsi une certaine réhabilitation politique personnelle (lui, au moins, peut se le permettre aux dépens de la mémoire de nos frères disparus), au travers de la restauration du complot que son gouvernement, le tout premier du Sénégal, avait mis en chantier dans le cadre d'un plan dit intérimaire pour une Casamance « sénégalaise ». En fait de plan intérimaire, il eût été question d'imposer à la Casamance le sort qu'on lui connaît depuis 1960. Monsieur Mamadou Dia oublierait, alors, que le MFDC n'est pas un parti politique sénégalais (d'autant que le gouvernement sénégalais ne le reconnaît comme tel), encore moins apparenté ou associé à je ne sais quel Bloc sénégalais, pour la simple raison que la Casamance et le Peuple Casamançais, dont il demeure à ce jour le porte-parole légitime unique, ne sont guère sénégalais (du moins tel que l'entendrait Monsieur Dia). Peut-être aussi s'agit-il d'une tentative de séduction à l'adresse du gouvernement sénégalais, à l'image de ce que Maître Abdoulaye Wade avait tenté et réussi auprès du président Abdou Diouf. Si tel était son intention, pourquoi donc emprunter un si long chemin, si parsemé d'embûches, celui que l'on pourrait appeler le "trans-Casamance" ? Alors, des assises nationales ? Oui, mais des assises sénégalo-sénégalaises dont Nous, Peuple Casamançais, pourrions attendre – certes légitimement, mais pas nécessairement – l'éclatement d'une vérité tendant à nous confirmer et donc à nous conforter dans tous nos droits, à commencer par notre Souveraineté (inter)nationale. Le président Mamadou Dia pourrait alors se prévaloir de s'être souvenu et d'avoir rappelé ou appris au Peuple Sénégalais que la Casamance n'a jamais été et ne saurait jamais être une terre sénégalaise (le Sénégal de Mamadou Dia, faut-il encore le rappeler, étant différent, à tout point de vue, du Sénégal dont nous avons hérité de la colonisation ; c'est à dire celui-là même qui, en principe, n'appartient pas plus au Fleuve qu'aux Niayes, ni davantage au Ferlo qu'au Sine-Saloum, au Sénégal Oriental qu'à la Casamance). N'est-ce pas ce qui le pousse aujourd'hui à déplorer l'implication de la France dans ce processus d'indépendance de la Casamance, lui qui est peut-être le seul homme politique sénégalais à comprendre qu'à terme elle serait nécessairement favorable à la Casamance ???...»

Vous l'aurez compris, si je me permets de reproduire ici *in extenso* ma réaction à la déclaration de Mamadou Dia, laquelle remonte à juin 1995, **c'est précisément pour rappeler, avec insistance et gravité, cette vérité tout banale selon laquelle : faire si peu de cas de la crise casamançaise, y compris surtout dans le cadre d'assises dites nationales, c'est à coup sûr, au regard de l'histoire récente de notre pays, se méprendre dans l'idée même que l'on se fait de la question nationale.** Or, qu'est-ce que c'est que la question nationale au Sénégal ?

La question nationale au Sénégal se fondait et se fonde encore, singulièrement, sur un double postulat : à savoir qu'il n'y aurait, d'une part, qu'une Nation sénégalaise et, d'autre part, d'État sénégalais qu'unitaire. La question nationale se voit ainsi résolue, du moins dans l'imaginaire du commun des mortels. Pour être établie comme UNE et indissolublement UNE, la Nation sénégalaise n'en est pas moins incarnée, à la fois, par un État unitaire ultra-rigide et ultra-centralisé dans son fonctionnement et par un Peuple sénégalais qui se veut l'intégration des Peuples du Fleuve, des Niayes, du Ferlo, du Sine-Saloum, du Sénégal Oriental et de la Casamance. Aussi, le prétexte trouvé pour symboliser l'unicité de la Nation sénégalaise n'est-il autre que sa devise : Un Peuple, Un But, Une Foi. Il faut admettre que c'est là une belle trouvaille tant au plan symbolique que politique. Symbolique, dans la mesure où cette devise est comprise ou devrait être comprise comme suit : Un (Peuple sénégalais) + Un (But sénégalais) + Une (Foi sénégalaise) = Une (Nation sénégalaise). Politique, dès lors qu'elle appelle implicitement à œuvrer à l'effondrement des particularismes locaux (territoriaux ou régionaux, sociaux, culturels et économiques). Pour légitime qu'une telle préoccupation républicaine puisse paraître, elle ne s'en est pas moins muée en une logique d'égalitarisme uniforme exagéré, au mépris – il faut le dire – de la réalité imparable selon laquelle chaque Peuple du Sénégal, du reste territorialement groupé, dispose de son identité propre. L'ignorer constitue en soi une porte largement ouverte à toutes dérives aux conséquences insoupçonnées, tel l'éclatement, en 1982, de la crise casamançaise qui ne tardera pas à dégénérer en un conflit armé entre l'État et le MFDC. Toutefois, dans la gestion de cette crise, l'État s'est vu contraint de revoir sa copie et d'opérer un retour progressif et graduel vers un juste milieu des choses. C'est alors que toute une série de mesures de décentralisation sous surveillance (lois et décrets notamment) vont se succéder les unes aux autres, dans le cadre d'une politique générale de décentralisation qui va immanquablement culminer avec l'adoption, en 1996, des lois n° 96-06 et 96-07 portant, respectivement, code des collectivités locales et transfert de compétences aux régions, aux communes et aux communautés rurales. Entrées en vigueur le 1er janvier de l'année suivante, celles-ci consacrent, en principe, la libre administration des collectivités locales. Cependant, dans la pratique, des contraintes se révèlent, en particulier des contraintes d'ordre budgétaire, qui tendent à freiner le développement de cette dernière grande réforme de l'État, celui-ci cherchant à reprendre d'une main ce qu'il a cédé de l'autre. Il faut donc être plus audacieux et aller plus loin dans cette dynamique de décentralisation au Sénégal, en boostant notamment l'État, sinon jusqu'à son dernier retranchement, du moins jusque dans la phase la plus aboutie de la décentralisation, le fédéralisme, et en transformant en l'occurrence l'État unitaire actuel en une République une, indivisible et fédérale. Nous aurions alors réhabilité, non seulement les réalités historiques, territoriales, sociales, culturelles et économiques de notre pays, qui constituent fondamentalement une richesse pour la Nation sénégalaise dans toutes ses diversités, mais également les Régions naturelles du Sénégal en tant que telles autour de véritables capitales économiques régionales. C'est à ce prix, et seulement à ce prix, que la question nationale doit être résolue, du moins à mon humble avis, pour une Nation sénégalaise, certes UNE et apaisée, mais une Nation sénégalaise définitivement tournée vers la modernité et le développement durable.

Donc, il ne faut pas avoir peur du fédéralisme. Avec les mêmes moyens qui ont concouru à la construction de l'État unitaire actuel du Sénégal, puis à sa consolidation, mais guère à sa fertilité, nous pouvons – nous le devons même, car le réalisme, ici, est franchement du côté du devoir ! – la peur en moins, bâtir un État fédéral selon les réalités territoriales et historiques et la tradition démocratique de notre pays. Dans une fédération, nous (re)trouvons, bien (ré)unis et bien (ré)conciliés, le nationalisme et le régionalisme. C'est dire que, chez nous, le fédéralisme aurait le double avantage de sceller indissolublement, au sein de la Nation sénégalaise, des destins aussi identitaires et divers qu'il n'y a de Régions ou Provinces territorialement et fonctionnellement autonomes. À la base de ceci, il existe un postulat et un seul : vivre à plusieurs Peuples dans une même Nation selon le principe du commun vouloir de vie commune. Pour le cas du Sénégal qui nous intéresse particulièrement, cette idée ou ce projet d'œuvre, à savoir le « commun vouloir de vie commune à plusieurs Peuples dans une même Nation », est d'ores et déjà un acquis. Il reste, cependant, à l'institutionnaliser en instaurant notamment un partage réaliste et équilibré des territoires, des institutions et des domaines de compétences selon une clause énumérative, en référence, comme le suggère Monsieur Amadou Booker Sadji, à la règle bien connue et « sous-tendue à l'idée que, sur une large échelle, la Fédération édicte les lois tandis que les Régions ou Provinces fédérées sont chargées de les exécuter ». M. Sadji, qui s'exprimait ainsi dans le quotidien Walfadjri n°2683 du mardi 20 février 2001 sous le titre ''La Casamance dans une République fédérale du Sénégal'', suggérait par ailleurs qu'« avec une constitution fédérale bien pensée et bien appliquée, toutes les revendications fondées ou non du MFDC et des séparatistes de tout bord d'autres régions, deviendront caduques. Au sein d'un État fédéral sénégalais, des régions ou provinces seraient des organismes autonomes. Elles possèderaient leur propre constitution, leur propre juridiction, leur propre législation, leur propre souveraineté financière, leurs propres forces de police, tout cela naturellement dans le cadre fixé par le droit fédéral sénégalais ». Et M. Sadji d'insister sans sourciller intellectuellement : « Pour aller beaucoup plus loin que l'actuelle régionalisation sénégalaise, il va falloir au demeurant que chaque région ou province ait non seulement son assemblée ou parlement (élu), mais également un gouvernement régional ou provincial (élu), ses propres organes judiciaires, son administration fédérale, une administration régionale ou provinciale dépendant d'autorités exécutives largement autonomes ». Le fédéralisme au Sénégal, ça n'est donc jamais qu'une question de volonté et de courage politiques dans l'édification du jeune État.

7. Le fédéralisme au Sénégal pour un apprivoisement plus réel de la démocratie locale

J'étais à Dakar, la dernière semaine d'octobre 2008, dans les locaux du ministère des Affaires étrangères, place de l'Indépendance, quand, à quelques jours de la Toussaint et de la Fête des Morts, j'éprouvai le désir d'aller à la redécouverte de la banlieue dakaroise, histoire de me ressourcer un peu, faute de pouvoir descendre en Casamance pour m'y recueillir auprès des miens disparus. Cela tombait bien, car mon grand frère et ami Jean-Louis, comme s'il avait entendu ce que j'exprimais en mon for intérieur, m'invita à passer la fête du 1er novembre avec lui et les siens à Grand-Yoff, ce que j'acceptai volontiers. Le jour de la Toussaint, vers midi, me voilà déjà chez Jean-Louis puis, sans perdre du temps, nous fîmes un tour ou un détour à « Bignona ». Bignona en Grand-Yoff se veut une réplique en miniature de Bignona en Casamance, alors qu'il n'est autre qu'un marché dédié aux fournisseurs de viande de porc et à leur clientèle. En fait de marché, il s'agit plutôt d'une espèce de maquis tutoyé, d'un côté, par un immense site colonisé par des ferrailleurs de tous poils, de l'autre, à quelques dizaines de mètres à vol d'oiseau, par une mosquée, et de l'autre encore par des habitations de fortune, toutes enchevêtrées les unes dans les autres. Entre le marché et la casse, une voie extrêmement poussiéreuse offre aux passants, aux charrettes, aux véhicules et autres taxis « clando » (pour clandestin) le loisir de polluer à satiété « Bignona ». Pour se conformer à je ne sais quelles normes sanitaires, les fournisseurs de viande sont tenus de faire un détour, à bord d'un « clando », à plusieurs dizaines de kilomètres de là, auprès d'un abattoir certifié, avant d'en revenir munis d'un produit de vente dont le prix, naturellement grevé par les frais qui en sont induits, passera de 1000 environ à 1800 francs. Au vu du spectacle qui s'offrait à nous, je me retournai vers Jean-Louis et m'écriai : Pourquoi ?... Autour de nous, parmi les clients et les vendeurs, beaucoup de Manjaque, de Baïnouk et de Joola, quelques Mancagne sûrement, tous originaires de la Casamance, et certainement aussi des Sérères du Sine-Saloum. Tous sont païens ou chrétiens, membres de cette infime minorité qui se fond littéralement, au Sénégal, dans l'écrasante majorité musulmane. L'idée m'est alors venue, à chaud, avant de me raviser (probablement parce que Bignona apparaissait comme un peu trop chargé politiquement et symboliquement), d'en référer immédiatement au chef de l'État (puisque dans ce pays, depuis 1960, année de son indépendance déclarée, tout part du président de la République et retourne à lui) en vue d'une solution tout aussi immédiate à ce problème. Je pensai ensuite faire appel à son fils, Karim Wade, en sa qualité de président de l'ANOCI (Agence Nationale pour l'Organisation de la Conférence Islamique), au nom du dialogue islamo-chrétien alors en cours au Sénégal. Mon idée était alors tout simple : pour le compte de l'ANOCI et à la faveur dudit dialogue, Karim Wade, ayant offert à l'Église catholique la construction du mur du cimetière Saint-Lazare, à Dakar, et d'un monument à l'intérieur de celui-ci, ne peut – pour les mêmes raisons que précédemment – être insensible à mon appel à l'aide pour aménager, à Grand-Yoff ou ailleurs, un marché digne de ce nom dédié à cette minorité du Sénégal. Cependant, tout à coup, je me souvins – pour surseoir à la poursuite de mon rêve – que, si s'occuper des Morts, pour Karim Wade comme musulman, pouvait être une action moralement salutaire et, en tant qu'homme politique, un acte politiquement porteur, il eût été plus délicat pour lui quant à toute initiative de sa part susceptible d'être interprétée comme une incitation à la consommation de porc, cet interdit, ce *haram* en Islam. Je songeai alors, à haute voix, à saisir le maire concerné, puis le préfet et le gouverneur, pour m'entendre finalement rappeler par mon entourage que ces derniers en étaient totalement, presque fatalement, impuissants. Ils n'en auraient, selon mes interlocuteurs, ni la volonté (politique), ni le courage (républicain), ni les moyens matériels et financiers, ni même les moyens juridiques.

Ainsi, nous en serions arrivés, au Sénégal, à être totalement démunis face à ce qui passe pour un détail comme cette affaire de « Bignona ». À l'origine de cette incongruité administrative, il faut pointer, sinon une culture d'État par trop jacobine, du moins la création homéopathique de collectivités locales (régions, communes et communautés rurales) qui – parce que réalisée précisément de manière homéopathique – induit des hésitations voire des peurs dans la prise de décision dans les domaines mêmes qui relèvent de la compétence de ces dernières. Là où l'on attendrait naturellement une décision rapide et efficace, on obtient plutôt, souvent, tergiversations, résignation, reculade ou démission, qui se justifient – il est vrai ! – par le nombre important d'élus locaux (des présidents du conseil régional ou rural ou des maires) démis de leurs mandats ou menacés de l'être par décret présidentiel, bien qu'ils soient régulièrement élus par les citoyens des collectivités concernées et, donc, non nommés par le président de la République, et ce généralement pour des considérations davantage subjectives qu'objectives, mais sous couvert hélas ! des pouvoirs que confèrent au chef de l'État les lois homéopathiques de décentralisation.

Si un État se veut une synthèse tendant à (ré)concilier unité et diversité, il va sans dire qu'ici, au Sénégal, le chemin en l'occurrence est encore long et parsemé d'embûches redoutables, quoique surmontables. Aussi, le moyen par excellence pour y parvenir dans notre pays n'est autre, selon moi, que le fédéralisme en tant qu'outil d'apprivoisement plus réel et plus objectif de la démocratie locale, fondée sur une véritable autonomie territoriale, juridique, politique, socio-économique et culturelle des Régions ou Provinces naturelles du Sénégal, tel que je l'ai illustré dans mon manifeste politique suscité.

8. Le fédéralisme ou le retour à la maison de l'administration et, avec elle, des Régions ou Provinces[3]

La création de grands ensembles régionaux, à l'époque coloniale, tels que l'Afrique occidentale française (avec Dakar pour capitale) et l'Afrique équatoriale française (avec Brazzaville pour capitale), participe du mythe de « l'unité nationale », du reste symbolisée par un gouverneur général. En ce temps là, en effet, il faut, pour administrer, *«gouvernoriser»*. Puis, bientôt, ou en même temps, *«préfectoriser»* ou *«sous-préfectoriser»*. Nos sociétés (africaines), qui s'auto-administraient jusqu'alors, suivant notamment un mode de gestion véritablement décentralisée (« anarchique », aux yeux suspects sinon coupables du colonisateur), se voient ainsi dépossédées de cet acquis majeur, fruit d'un héritage multiséculaire. C'est alors que l'administration est partie de la maison, et avec elle chaque Région ou Province concernée, pour un voyage sans retour, du moins dans l'imaginaire du colonisateur.

---

[3] Un clin d'œil opportun à Ousmane Sy et à ce qui fait la quintessence de son essai : ''Reconstruire l'Afrique. Vers une nouvelle gouvernance fondée sur les dynamiques locales'', éd. Jamana, Bamako, Mali, novembre 2009

À cet effet, les États (africains) postcoloniaux se caractérisent ou se singularisent par cela seul qu'ils constituent de pâles copies de ceux dont ils dérivent, et leurs cadres respectifs, des techniciens rompus aux mécanismes de la gestion centralisée, voire ultra-centralisée, notamment les cadres francophones imbus du centralisme jacobin, c'est-à-dire à la française.

Puis, arrive le temps des convulsions intra-étatiques, comme on a pu l'observer au Sénégal, pour le déplorer, avec ce que l'on appelle communément le « problème casamançais », autre synonyme de frustrations multiples et transversales, dégénérées en un conflit armé et dévastateur, qui oppose l'État au Mouvement des Forces Démocratiques de la Casamance (MFDC) depuis 1982. On songe, alors, du moins en ce qui concerne le Sénégal, à « décentraliser » puis à « régionaliser » pour administrer, les yeux cependant rivés sur le mythe fondateur de la Nation, « l'unité ». En fait, ici, il n'y a guère, à la base, de vision politique véritablement *décentraliste* ou *régionaliste*. Tout au plus, des textes législatifs et réglementaires existent, qui sont certes très bien élaborés, les uns autant que les autres, mais qu'aucune volonté politique (sous les trois régimes « Senghor », « Diouf » et « Wade ») ne daigne traduire dans les faits, et de manière concrète et objective, en de vrais outils ou leviers d'administration. Au bout du compte, seule la région de Dakar et la ville-capitale du même nom sont parvenues, à ce jour, à s'approprier l'État. C'est donc là tout l'enjeu, qui consiste précisément à « dédakariser » le Sénégal (terme emprunté à notre ami Talla Sylla), dans le cadre d'une vraie politique de décentralisation fonctionnelle et territoriale.

À la vérité, la décentralisation ou la régionalisation représentent, sinon la poursuite de la décolonisation, du moins le commencement (plus ou moins dynamique) de cette dernière, alors que la fédération, en tant que leur phase la plus aboutie ou la plus optimale, en constitue une fin heureuse. Une fin qui, à vrai dire, n'en est pas une en soi, mais plutôt le début d'une aventure humaine, sociale, culturelle, économique et politique, sur un lieu (la Région, la Province ou le Terroir), objet d'élection de la Société ou du Peuple concerné, selon son dessein ou son destin propres, quoiqu'en parfaite synergie avec les autres Sociétés ou Peuples, tous appartenant (à) ou participant de la même Nation. En l'occurrence, les Peuples du Fleuve, des Niayes, du Ferlo, du Sine-Saloum, du Sénégal Oriental et de la Casamance, qui participent de la Nation sénégalaise, tout en étant territorialement groupés dans leurs Régions éponymes respectives, se veulent, à ce titre, non seulement identifiés comme tels par la Constitution, pour être conséquemment administrés en tant que tels, mais également orientés rigoureusement, et de manière irréversible, à leur intégration, à terme, et seulement à terme, dans un seul et même Peuple sénégalais, mobilisé vers un seul et même But sénégalais, à la faveur d'une seule et même Foi sénégalaise.

Sous ce rapport, la fédération (de Peuples) ne doit pas être perçue comme une négation du pouvoir central. Elle doit au contraire être comprise comme la pertinence du redéploiement du pouvoir central au moyen d'une administration d'autant plus efficace, productive et compétitive, qu'elle n'est fonctionnellement et territorialement décentralisée.

Pour qu'il y ait donc véritablement décentralisation, à plus forte raison fédération, il faut que les affaires régionales ou provinciales soient nécessairement prises en charge par des autorités locales réellement indépendantes du pouvoir central. Il s'agit en fait d'une indépendance existentielle juridique, qui ne peut se traduire objectivement que par un mode de nomination et de révocation des organes locaux juridiquement exclusifs de toutes contingences et autres tentations ou influences du pouvoir central.

Il faut, pour y parvenir, que l'administration retourne à la maison, et avec elles les régions ou les provinces, qui doivent trouver là les moyens utiles pour faire face à la prépotence de l'État central. Or, quand, en ce qui me concerne, j'entends ''décentralisation'', je pense ''démocratisation'' ou ''démocratie'', et *vice et versa*. C'est que, en réalité, la décentralisation n'étant pas une simple opération de déconcentration ou de délocalisation, et l'administration par son truchement étant rentrée à la maison, l'émergence d'autorités locales élues, à compétence locale, s'impose, qui soient dotées en cela d'organes locaux indépendants tant du point de vue de leur fonctionnement que vis-à-vis des autorités centrales. À ce titre, la décentralisation s'identifie à la démocratie. Mieux, pour qu'elle s'accomplisse véritablement, la démocratie ne saurait faire l'économie du nécessaire recours aux mécanismes de la décentralisation. Et inversement ! L'on comprendra alors, aisément, que la décentralisation de type fédéral, telle que nous l'appelons de nos vœux, dans le cadre notamment d'une refondation de la République et d'une profonde réforme de l'État, au Sénégal, ne puisse être autre qu'une mutualisation féconde de systèmes démocratiques propres aux entités concernées (État central ou fédéral et Régions fédérées ou territorialement décentralisées).

L'autonomie des Régions ou Provinces est donc à ce prix, qui sous-tend une libre administration de ces dernières par des autorités régionales ou provinciales élues. Mais une autonomie à la fois, et seulement à la fois, juridique, financière et technique, garantie comme telle par la Constitution.

9. Retourner à la maison pour (s')enraciner et bâtir pour la durée et dans la durée

Une administration centrale, simplement déconcentrée ou délocalisée à quelque endroit dans la périphérie du pouvoir central, demeure une administration centrale. Elle ne saurait, pour cette même raison, s'y sentir chez elle, pour n'y être point chez elle. Qui plus est, elle ne peut s'y déployer, et *a fortiori* les femmes et les hommes qui l'incarnent s'y accomplir, dans une perspective de long terme. Or, tout le monde en convient : pour concevoir un projet, il faut du temps ; il faut également du temps pour l'édifier ou simplement s'y essayer ; et pour déceler d'éventuelles failles et procéder aux adaptations nécessaires ou aux corrections utiles (même mineures), il faut encore du temps.

C'est donc là tout l'enjeu de l'autonomie des régions ou provinces dans l'administration des affaires locales. Car elles existent, les affaires locales, et elles ont généralement pour noms : *Travaux publics, Tourisme, Réseaux locaux de transport, Production, transport et distribution d'énergie, Artisanat, Pêche, Forêt, Industrie, Agriculture, Élevage, Commerce intérieur, Domaine, Aménagement du territoire, Environnement et gestion des ressources naturelles, Santé, Population et action sociale, Jeunesse, Sports et loisirs, Culture, Éducation, Planification, Urbanisme et habitat...* Ainsi, les besoins publics essentiels, sinon prioritaires, tels qu'énumérés, sont-ils l'apanage des régions ou provinces, qui appellent, d'emblée, et à juste raison, au redéploiement de plus de la moitié des ressources financières publiques nationales vers ces dernières, à leur profit immédiat certes, mais, *in fine*, au bénéfice global de l'ensemble du pays. À ce titre, toute politique de production des biens essentiels publics doit, avant tout, et sans complaisance aucune, interroger ces besoins essentiels publics, dans toutes leurs dimensions et toute leur radicalité. En cela, « dédakariser » le Sénégal s'avère une nécessité voire une priorité, qui revient simplement à faire recouvrer son vrai rôle à Dakar et, avec elle, la région dont elle relève naturellement ; celui donc, précisément, d'une ville-capitale et d'une région au service de leurs administrés, à l'égal ou à l'identique, bien évidemment, des autres régions du Sénégal et de leurs villes-capitales respectives, c'est-à-dire avec équité. Nul doute qu'à terme, dans une telle perspective, nous aurions bâti autant de capitales régionales qu'économiques, à l'image, toutes choses égales par ailleurs, de l'Allemagne qui tient son rang de première puissance économique et industrielle d'Europe de ce que toutes ses capitales régionales en sont autant de capitales économiques. Son secret ou sa recette : reconnaître constitutionnellement (et donc juridiquement) leur identité propre et leur autonomie financière et technique aux Lander, instituer des organes (exécutifs et législatifs) locaux indépendants du pouvoir central, redistribuer avec équité les ressources financières publiques nationales aux Lander… pour un développement mutualisé et harmonieux du pays.

Aussi, l'existence même de régions naturelles au Sénégal, qui préexistent naturellement à l'État sénégalais, atteste-t-elle, de fait, de l'existence des affaires locales, totalement exclusives des affaires nationales, quoiqu'elles aient vocation à leur être complémentaires. C'est pour ainsi suggérer que l'institution générique, la mieux à même de coller à la réalité multisocioculturelle du Sénégal, notamment dans son accomplissement à la fois comme Nation et en tant qu'État, constitue l'État fédéral ou fédératif, du reste valable pour tous les autres pays d'Afrique subsaharienne.

10. Retourner à la maison pour fédérer les Régions avant de confédérer les États

C'est un euphémisme : disposer d'un État unitaire, de surcroît ultra-centralisé, qui se veut par ailleurs l'expression la plus formelle d'une Nation multisocioculturelle, ne saurait être un gage de sécurité et de stabilité si, en même temps, l'on est incapable de satisfaire, de manière efficace et efficiente, et surtout durable, les besoins essentiels, mais non moins élémentaires des populations. Or, comme nous l'avons dit, c'est avant tout le rôle des régions, et même leur raison d'être, que d'œuvrer au bien-être de leurs administrés respectifs ; autrement dit, c'est la mission des régions, et même leur devoir, que de pourvoir aux besoins essentiels de leurs administrés, simplement en générant les biens essentiels publics correspondants. **Il faut, par conséquent, ériger constitutionnellement chaque région comme telle, et donc en tant qu'institution et territoire ou terroir réunis,** éligible par rapport aux politiques générales nationales de développement (pour autant qu'elles existent), voire aux programmes dits des objectifs du millénaire pour le développement (communément désignés sous l'acronyme OMD). Alors, et seulement alors…

Alors, l'on pourra **fédérer les Régions ou Provinces**, dans le cadre d'un **État fédéral** ou **fédératif**, en l'occurrence l'État sénégalais, d'abord en vertu de ce qu'elles en ont la vocation ; ensuite conformément à l'esprit qui est, malgré tout, à la base de l'héritage en termes d'institution que nous a légué la colonisation et qui participe finalement et si fondamentalement de l'histoire commune aux régions ou provinces concernées ; et enfin, ou surtout, pour leur développement harmonieux, parce que concerté (y compris notamment au sein de chaque région) et mutualisé (la coopération interrégionale ou intersectorielle y aidant). Alors, et seulement alors…

Alors, l'on pourra encore songer à **confédérer les États africains** suivant des schémas qui obéissent à la logique ayant présidé à la création, par exemple, des grands ensembles sous-régionaux déjà existants que sont : la SADC (Communauté de Développement de l'Afrique Australe), la CAE (Communauté de l'Afrique de l'Est), la CEEAC (Communauté Economique des États de l'Afrique Centrale), la CEDEAO (Communauté Economique des États de l'Afrique de l'Ouest), l'UMA (Union du Maghreb Arabe).

Cependant, comment peut-on dépasser ou transcender les clivages, d'abord intra-communautaires ou intra-régionaux, ensuite intercommunautaires ou interrégionaux, simplement en les niant ou en occultant leur existence ? Et, de la même manière, les frontières entre les États ? En fait, les spécificités propres aux différentes communautés ou régions et, à plus forte raison, les réalités respectives des États, qui font qu'ils se distinguent tous les uns des autres, ne sont pas en elles-mêmes des handicaps. Tout au contraire, elles sont des atouts ou, à tout le moins, elles doivent être considérés comme tels, pour ensuite être prises en compte en tant que données nécessaires, qui les prédisposent ainsi, de par justement leur caractère de spécificité ou de réalité nécessaire, à être en mesure de vivre, en toute intelligence, selon le principe bien connu du commun vouloir de vie commune à plusieurs. Encore faut-il, pour ce faire, qu'une réelle volonté et une véritable politique d'intégration de Communautés, de Peuples, de Régions ou Provinces, d'États ou de Nations le sous-tendent, à la faveur desquelles pourront être érigés, en tant que tels, de vrais États fédéraux puis de vraies Confédérations d'États africains.

11. La fédération ou confédération : une consécration du pluriel dans l'un

Il faut donc oser, sous nos cieux, opposer à la constance de l'idée qu'il n'y aurait d'État qu'unitaire, l'insouciance, sinon l'insolence, de l'assertion selon laquelle toute société plurielle, qui se veut une en même temps, en appelle à l'institution d'un État fédéral ou fédératif. Il s'agirait alors d'opposer – à moins que ce ne soit là, plutôt, une forme d'immixtion de l'une dans l'autre, et *vice-versa* – la verticalité (exclusive) inhérente à l'État unitaire à l'horizontalité (inclusive) propre à l'État fédéral ou fédératif. L'une dans l'autre, et *vice-versa*, dis-je, tout en les opposant cependant, radicalement.

Pour y parvenir, ayons à l'esprit, tout d'abord, l'État colonial, unitaire par essence et du point de vue de sa finalité. Il est unitaire, pour être né d'un processus assimilationniste. C'est surtout vrai pour l'État colonial français. Et il l'est, réellement, d'autant plus que, en s'accomplissant comme tel, il combat toutes pluralités en son sein. Mais il est unitaire, *a fortiori*, dans ses buts ou ses objectifs. En effet, l'État colonial est le contraste par excellence de l'État colonisateur, en tant qu'il est la condition *sine qua non* ou la justification « nécessaire » de la colonisation, quoique cette dernière, en soi, ne soit guère nécessaire. Or, qu'est-ce qui fait que, malgré la conquête réussie des indépendances formelles, les États postcoloniaux africains restent, pour la plupart, des États unitaires et, de surcroît, de pâles copies des États coloniaux ?

''Retenez-moi avant que je ne fasse un malheur...'' Telle est, en substance, la menace que les élites de l'Afrique postcoloniale n'auront eu de cesse de proférer à l'intention des anciennes puissances colonisatrices. En réalité, c'est le comportement même de quiconque revendique son émancipation prétendument non-conditionnée et, en même temps, paradoxalement, en escompte les plus belles dépendances d'avec son ascendant. Car ces élites-là n'ont rien à envier à leurs devancières, tant dans l'édification d'États unitaires pérennes que dans la fondation de Républiques *assimilationnistes* ou *uniformistes*, à cette nuance près, cependant, que la mission d'assimilation ou d'uniformisation apparait de nos jours comme une délégation dévolue aux villes-capitales et, avec elles, à leurs régions respectives. Ce qui a pu faire dire à notre ami Talla Sylla que, Dakar ayant *«dakarisé»* le Sénégal, l'heure serait désormais à sa *«dédakarisation»*, en vue notamment de lui redonner à la fois sa vraie nature et son vrai visage.

Mais plus pernicieux encore, est le fait que la colonisation reposant sur un processus ou une dynamique de subordination/domination, puis de centralisation/discrimination, le tout s'exacerbant pour déboucher sur la marginalisation de la « périphérie », il se trouve, hélas, de nos jours, des élites africaines pour s'exercer à rendre pérennes ce processus ou cette dynamique. Ainsi, Me Mbaye Jacques Diop, nouvellement promu président du Conseil de la République pour les affaires économiques et sociales (CRAES) du Sénégal, je cite de mémoire avec le risque certain de ne pas reproduire à l'identique l'intégralité de son propos : «Je vois désormais avec les yeux que le président Abdoulaye Wade m'a donnés (ou prêtés) ». N'est-ce pas une belle chose, en soi, que cet aveu manifestement sincère ? En tout cas, il nous renseigne, fort bien, à la fois sur la profondeur du « mal » et sur la lourdeur de la « thérapie » à engager pour l'éradiquer. Ainsi, la troisième personnalité de l'État (après le président de la République et le président de l'Assemblée Nationale) avoue-t-elle ne plus voir avec ses propres yeux dans la conduite des affaires de son ressort. Il faut le croire, mais pour aussitôt en pleurer. Car s'il ne voit plus avec ses propres yeux, c'est qu'il ne vit plus de/par lui-même et qu'il est désormais vécu ; que, par conséquent, il est mu au lieu qu'il se meuve ; que sa parole, son discours et, plus globalement, son langage ne sont plus l'expression parlée de sa raison ou de sa rationalité propres, mais celles d'un tiers, Me Abdoulaye Wade ; une raison ou une rationalité que celui-ci aura donc bien voulu lui donner (ou lui prêter), fût-ce simplement au détour d'une banale promotion sociopolitique. L'histoire retiendra alors, ici, que la force du « charisme » de Me Abdoulaye Wade se sera substituée à la contrainte de la (néo)colonisation, mais pour un résultat tout aussi avilissant ou annihilant, sinon dévastateur.

«Dédakariser» le Sénégal, serait donc rompre avec les pratiques anciennes. Ce qui, fondamentalement, et à dessein, reviendrait à exacerber la tension entre la dynamique unitaire de l'État et la forte volonté fédérative telle qu'exprimée par la base, pour en retirer à terme le juste équilibre tant recherché dans le fonctionnement et l'existence même de tout État qui se veut moderne. Or, ce n'est pas un hasard si, de nos jours, la tendance veut que les États modernes, ou prétendument tels, soient aussi des Républiques, en ce qu'ils se déclarent tous voués à leur appropriation par tous leurs démembrements respectifs : la population (dans son acception la plus large), le peuple, les institutions centrales et locales, les administrations centrales et locales, les organisations politiques et syndicales, les associations, etc. Il faut, ici, entendre par démembrements de l'État, ses composantes intrinsèques qui, par définition, comportent des composés. Tenter de comprendre ces composés de l'État serait donc déjà attester de leur irréductible existence ; à leur reconnaître ensuite des droits et des devoirs, et donc à leur

reconnaître des besoins essentiels ou élémentaires, sinon prioritaires ; et, enfin, à (s')investir durablement pour une production conséquente des biens publics essentiels correspondant à ces besoins. Encore faut-il que ces biens publics essentiels soient aussi conciliables les uns avec les autres qu'ils ne sont tous destinés à satisfaire des besoins, tout aussi essentiels, de populations attachées à leur bien-être (collectif et individuel), certes selon ou à la mesure même de leurs visions respectives, mais sur un lieu, le leur propre : leur Région ou leur Province ou encore leur Terroir. Sous ce rapport, le tout-unitaire ou le tout-central sont, sinon condamnés à disparaître, du moins appelés à n'être plus réduits qu'à leur expression la plus simple, soit une expression enfin libérée de l'État, avec des démembrements (ses démembrements !) reconnus comme tels et dotés de droits et de devoirs plus que jamais libérés et qui n'auront alors de cesse de s'accomplir et de s'épanouir.

12. Décréter que les États hérités de la colonisation doivent demeurer tels est une forme de tyrannie du passé (colonial puis postcolonial) sur le présent et le futur

Tout le monde en convient, le besoin de nouveauté, de changement, s'accompagne toujours du besoin de consensus autour d'acquis fondamentaux ou réputés tels. L'État-Nation, en tant que tel, en est assurément un, qu'il ne viendrait certainement à l'idée de personne de remettre en cause. C'est pour ainsi rappeler que si, en ce qui me concerne, je traque si inlassablement, depuis plus de quinze ans, la validation au Sénégal ou depuis ce pays de ma vision fédéraliste, ce n'est point dans une perspective de destruction de l'État-Nation, mais dans le but, bien au contraire, de son plein épanouissement, et dans la démocratie la plus totale. Car il est absurde de vouloir rendre pérennes des absurdités. Et l'État-Nation unitaire en Afrique, aujourd'hui comme hier, est une absurdité, qu'il urge de détruire, au nom précisément de cet idéal fédéraliste, quoiqu'apparemment lointain. Et pourtant, il est « d'ici » et « de maintenant », cet idéal, pour être possiblement et immédiatement actualisable. Et nous pouvons l'actualiser, pour peu toutefois que nous en ayons véritablement la volonté (politique).

En définitive, le nouveau ou la nouveauté, si renversants qu'ils puissent paraître, ne sauraient être une menace, à cette exception près que l'ancien ou l'ancienneté soient, en l'occurrence, préalablement classés. Et bien classés ! Ceci est vrai du point de vue des idées qui se suivent ou s'entremêlent dans nos têtes, sous peine d'y laisser nette la place aux fanatismes des plus « modérés » aux plus nocifs. Mais ça l'est surtout pour toute logique, toute idéologie ou toute philosophie à la base de tout processus d'institution de l'Etat-nation. Que les adeptes du centralisme jacobin, au Sénégal, soient donc rassurés. En effet, il ne s'agit guère, à travers ma vision fédéraliste, de prôner quelque lavage de cerveau, mais d'y voir simplement une perspective heureuse pour la paix, l'unité (oui ! l'unité), la concorde et le développent durable du Sénégal, et donc de toutes ses composantes naturelles que sont : Le Fleuve, Les Niayes, Le Ferlo, Le Sine-Saloum, Le Sénégal Oriental et La Casamance.

Serait-ce d'ailleurs un hasard ou un simple oubli ou encore une omission coupable, si l'expression « africanisme » fait littéralement défaut dans les thématiques qui président à la gouvernance mondiale ? Assurément non ! Car l'« africanisme », fondamentalement, n'existe pas à ce jour. Et, sous ce rapport, ma conviction est faite, qui me convainc donc qu'il ne deviendra pas réalité véritable aussi longtemps que – au contraire de l'« occidentalisme » – l'Afrique ne daignera pas offrir à l'Humanité moderne, en termes de gouvernance politique, économique, sociale et culturelle, des pratiques et des institutions spécifiquement africaines. L'État unitaire, tel qu'il est légué à l'Afrique en tant qu'institution, pas plus d'ailleurs que l'État fédéral ou fédératif, n'est pas bon en lui-même. C'est, au contraire, ce que nous en faisons ou pas qui peut ou non en générer une institution bonne. Il ne saurait, par conséquent, et pour cette seule raison, être considéré comme l'institution « révélée », encore moins comme un bien public éternel parce que prétendument universel, fruit de l'occidentalisme (européen) ou de la seule raison dite raisonnante de l'Occident, qui se voudrait, à ce titre, et au nom de son universalisme supposé, au service de la raison raisonnée (quand même !) de la périphérie, telle que l'Afrique.

13. Retourner à la maison : n'est-ce donc pas, avant tout et par-dessus tout, pour y réinstaurer l'esthétique du « désordre » ?

Le « désordre » local, perçu comme tel par les spécialistes et les adeptes de l'ordre central, en est-il vraiment un ? Ou plutôt n'est-il pas un désordre bien ordonné ? En tout cas, l'apport colonial puis postcolonial, en termes d'administration, au moyen notamment de l'institution de l'État-nation centralisateur, s'apprécie par la rigidité même de celui-ci. Une rigidité faite ordre, pour être le contenant (l'État-Nation) « indiqué » pour ordonner ou ordonnancer le contenu (les composantes ou démembrements de l'Etat-nation), compte non tenu cependant des spécificités de ce dernier. Ainsi, ce qui était « désordre » ordonné devient « ordre » désordonné, quoiqu'indûment perçu comme parfaitement ordonné par ses auteurs, ses commanditaires ou leurs souteneurs. Plus fondamentalement, c'est la rationalité ontologique ou la raison « raisonnante » de l'Occident (européen) qui est, ici, opposée, et de manière non-innocente, à la rationalité onto-mythologique ou à la raison « raisonnée » de l'Afrique. En l'occurrence, la périphérie ne raisonnerait pas, soit qu'elle n'en ait pas les facultés, soit qu'elle n'en ait guère jamais les opportunités, eu égard à son histoire (son environnement et sa culture) ; tandis que le centre, pour sa part, en serait tout disposé, voire prédisposé. Mieux, ou pire, le centre disposerait de la capacité, sinon du pouvoir, de raisonner, d'abord pour lui-même, et ensuite, le cas échéant, pour la périphérie. Et tant pis, ou tant mieux, si cette dernière était confinée à cet effet dans le rôle aliénant de « cueillette » au seul profit du centre. Or, quoi de plus beau, de plus merveilleux que le désordre ordonné ? En fait, ce qui est désigné comme désordre, par les puissances colonisatrices puis par les élites postcoloniales, se présente généralement, pour ne pas dire toujours, comme l'ordre par excellence, en vertu duquel, ou à l'intérieur duquel, se déploie une raison à la fois raisonnante et raisonnée, c'est-à-dire la raison humaine, suivant simplement – naturellement devrait-on dire ! – d'autres modes. Se souvenir de cela, serait peut-être déjà investir l'une des voies les plus appropriées pour (ré)inventer un « Africanisme » porteur de valeurs, de mécanismes et d'outils propices au développement endogène et exogène de l'Afrique du IIIe millénaire. Il ne faut donc plus éprouver aucun complexe d'aucune sorte, face au désordre supposé de la base, de la périphérie. Car celui-ci participe au contraire de l'esthétique même de nos « pays ». Comme, par exemple, en France, dont la beauté, hier comme aujourd'hui, participe singulièrement de la diversité et de la beauté spécifique de ses « pays ».

Pour parvenir à un développement optimal des différents « pays » africains, notamment de ceux au sud du Sahara, il faudrait certainement leur reconnaître préalablement, y compris surtout dans les faits, leur droit à l'auto-administration, c'est-à-dire selon leurs propres convenances ou leurs propres desseins et, par conséquent, suivant des modes pouvant être réputés proprement sauvages. Nous aurions alors admis, à juste raison, qu'il n'existe pas, d'un côté, la philosophie occidentale et, de l'autre, les autres philosophies, avec tout ce qui en résulte respectivement. Car il n'y a qu'une philosophie, dans la mesure même où l'humanité en chaque être humain est identique. Que l'on ne vienne donc pas opiner, ici, pour justifier je ne sais quoi, que la grande diversité des langues africaines en constituerait un bazar que les langues d'emprunt (le français, l'anglais, l'espagnol, le portugais, etc.) viendraient opportunément pallier par le bas. Car si ces dernières sont les bienvenues en Afrique, il faut qu'elles le doivent au seul fait que leur domestication africaine doive être perçue comme un plus-culturel, mais guère un moins-culturel : soit une plus-value culturelle. Ce faisant, les langues d'emprunt deviendraient des langues nationales, à l'égal ou à l'identique des langues dites indigènes.

À noter, toutefois, que sur ce dernier point, je m'inscris en faux contre ceux qui prétendent que la philosophie se trouverait dans la langue et la culture. De mon point de vue, la philosophie est plutôt, et tout à la fois, supra-linguistique et supra-culturelle ; un peu comme l'est, par rapport au corps humain, l'âme et qui, pour cette même raison, peut élire domicile indistinctement chez le sexe féminin ou masculin, pour n'être ni femelle ni mâle. Ce qui fait que la domestication africaine des langues étrangères à l'Afrique ne pose aucun problème en soi. C'est tout le contraire bien évidemment en ce qui concerne l'apprivoisement toujours en cours de nos esprits par l'Occident, notamment en termes de gouvernance socioéconomique et politique (y compris surtout institutionnelle) de nos États postcoloniaux ou de nos sociétés.

Aussi, l'idée que j'ai pu soutenir par ailleurs, en particulier dans ce que je considère comme mon avant-projet de société et qui sous-tend justement ma vision fédéraliste, objet de ce présent pamphlet, trouverait-elle ici toute sa pertinence, sinon sa quintessence, à savoir : la nécessité d'enseigner la philosophie à l'école dès le CM2 (ou un peu avant ou après), pour permettre alors à nos enfants, déjà à l'âge de six ans, de faire l'apprentissage, à bon escient, de leur propre raison ou rationalité ou encore de leur propre intellect, en vue notamment de penser leur propre évolution, leur propre développement, sur leur propre environnement socioéconomique, politique et culturel et/ou à partir de ce dernier.

14. Le fédéralisme au Sénégal est politiquement possible et souhaitable

Le fédéralisme au Sénégal, je l'ai déjà dit, ça n'est jamais qu'une question de volonté et de courage politiques. Il est donc politiquement possible, et même souhaitable voire un impératif, pour peu que l'on se souvienne des moyens avec lesquels l'on a œuvré à l'institution d'un État sénégalais ultra-centralisé puis amorcé sa réforme en vertu notamment des lois de décentralisation homéopathique n° 96-06 et 96-07. En effet, le fédéralisme au Sénégal est politiquement possible dans la mesure où la Nation sénégalaise est elle-même une fédération de Peuples dotés de leur histoire propre, de leur culture propre et de leur territoire propre sur l'étendue duquel ils exerçaient leur souveraineté propre. À titre d'exemple, « le pouvoir local au Fouta (région du Fleuve) était bâti plutôt sur une réelle démocratie élective avec un partage des responsabilités que sur une gestion autocratique comme beaucoup peuvent le penser (donc) une décentralisation avant la lettre. La multiplicité des lieux de responsabilités, partagées entre différents pôles de pouvoirs, faisait, qu'au lieu de se concurrencer, ils se complétaient dans le temps et l'espace »(12). Ce sont, du reste, de telles entités sur lesquelles s'appuyait le colonisateur pour mieux assujettir les populations, quitte à redessiner à terme les différents territoires concernés selon des schémas qui obéissent aux seuls critères de conquête et de compétition coloniales.

Le fédéralisme au Sénégal est politiquement souhaitable dès lors qu'il permettrait de réhabiliter, dans la mémoire collective, ce qui rattache les différents Peuples du Sénégal à leurs repères que sont : leurs terroirs, mieux leurs territoires, leurs histoires et leurs cultures respectifs. A cet effet, le fédéralisme au Sénégal apparaîtrait comme un mode, un modèle sinon un moyen de reconstruction de la conscience citoyenne pour permettre alors à des citoyens, redevenus pleinement eux-mêmes, et donc parfaitement lucides, d'être maîtres de leurs destins respectifs. L'esprit d'initiative, qui pourrait en éclore, serait alors à l'avant-garde d'un développement conséquent des mentalités et certainement aussi d'un essor socio-économique progressif et irréversiblement durable de notre pays.

Le fédéralisme au Sénégal est politiquement plus que souhaitable : il est un impératif politique. En réhabilitant, en effet, les Régions Naturelles du Sénégal comme telles et en les érigeant en entités autonomes dans lesquelles les citoyens concernés s'identifieraient, le fédéralisme autoriserait l'appropriation, de leur part, de tous les investissements dans leurs terroirs respectifs. Cela supposerait naturellement la suppression du département (circonscription administrative) et de la région (collectivité locale), et leur remplacement opportun par la Région ou Province naturelle réhabilitée, doublée d'une entité juridiquement, territorialement, socio-économiquement (y compris surtout financièrement) et culturellement autonome.

15. Le fédéralisme au Sénégal est économiquement nécessaire

« Plus un État est politiquement centralisé, plus il favorise l'urbanisation »(13). C'est l'exemple même de la capitale du Sénégal, Dakar, qui est d'autant plus urbanisée, presque sauvagement urbanisée, que les autres villes du pays sont ruralisées. À travers le seul cas de Dakar, au Sénégal, l'on voit ainsi à quel point le centralisme politique peut engendrer le centralisme économique. Il faut donc y remédier au plus vite et au plus tôt, en offrant à notre pays, avec le fédéralisme, d'une part, l'opportunité de se moderniser politiquement et institutionnellement et, d'autre part, l'occasion heureuse de bâtir et de développer une économie sénégalaise harmonieuse et prospère, un peu à l'image de l'Allemagne, je l'ai souligné précédemment, qui « bénéficie d'une expansion économique à ce point harmonieuse que les Allemands ne se reconnaissent pas de capitale économique (pour la simple raison) que le pouvoir est éparpillé entre l'État fédéral, les Länder et les communes » (14). À ce titre, il faut en convenir, le fédéralisme au Sénégal est une nécessité économique qui, expérimentée comme telle, ne peut que provoquer une émulation (entre les Régions ou Provinces fédérées) à la fois saine et pourvoyeuse de développement durable tant pour ces dernières que pour l'État fédéral ou fédératif du Sénégal. La géographie du travail y connaîtrait alors des bouleversements (davantage positifs), tandis que le principe de la liberté de l'emploi et de l'investissement (industriel, artisanal, commercial) ne ferait que s'y appliquer en s'améliorant, au mépris, j'en suis convaincu, de toutes velléités autochtonistes. Il en résulterait à coup sûr une restructuration du tissu industriel du pays qui, conjuguée à l'implantation d'entreprises étrangères porteuses de technologies nouvelles, apparaîtrait à la fois comme le moteur du développement durable et la clef de la modernisation de l'économie du Sénégal. Dans cette perspective, Mademba, comme industriel, entrepreneur, artisan, cadre, fonctionnaire, employé, ouvrier, paysan ou demandeur d'emploi, qu'il soit du terroir concerné ou non, s'y sentirait, naturellement, ou logiquement, à la fois chez lui et comme un ressortissant d'ailleurs ou de nulle part, au bénéfice de l'économie nationale et au grand intérêt des populations. Certes, il existe un lien quasi naturel entre l'industrie et le tertiaire. Cependant, dans la dynamique attendue dans le cadre d'un tel redéploiement industriel, il conviendrait de prendre particulièrement conscience de ce que certaines catégories de services peuvent créer eux-mêmes d'autres activités tertiaires ou industrielles.

Parmi ces catégories de services, je pense principalement à l'enseignement supérieur. En effet, une université au moins dans chaque Province fédérée du Sénégal, tout en créant tout alentour – nécessairement ! – des niches scientifiques et en offrant aux enfants une formation de qualité dont leurs familles sont en droit d'en attendre sans qu'elles ne soient obligées de s'en séparer, serait un pôle d'attraction par excellence pour les entreprises, notamment les entreprises de haute technologie, en ce qu'elle serait à même de leur fournir les cadres et les expertises dont elles auraient besoin.

Mais je pense aussi au secteur des banques (et des assurances). Comment peut-il en être autrement, quand on sait par ailleurs que l'éparpillement et la multiplication des entreprises dans l'espace dépendraient pour beaucoup du système bancaire qui se trouverait ainsi, pour sa part, contraint d'obéir aux exigences de la décentralisation financière pour répondre à des besoins de plus en plus importants et complexes en la matière ?

Je pense enfin – mais cette liste n'est guère exhaustive – au secteur public : la fonction publique fédérale et la fonction publique régionale ou provinciale. C'est un secteur qui, dans le contexte nouveau, génèrerait des besoins nouveaux qui, à leur tour, en appelleraient naturellement à la création de nouveaux services et de nouvelles activités industrielles.

16. Quel (ré)aménagement du territoire pour quel fédéralisme à la sénégalaise ?

Un (ré)aménagement du territoire qui obéisse à notre vision fédéraliste, au Sénégal, doit avant tout se comprendre comme une vraie rupture en la matière, en ce sens qu'il doit être le fait, non pas d'une réflexion verticale (par secteur) comme nous n'y sommes hélas! que trop habitués, mais d'une réflexion horizontale (par zone), en raison notamment du caractère hétérogène (et non homogène!) du territoire national, quoique plat dans sa quasi-totalité. Aussi, est-il indéniable que le Sénégal est l'un des pays au monde les plus facilement aménageables, pour être une Nation incarnée par un Peuple sénégalais en tant qu'union irréductible des Peuples territorialement groupés que sont : le Peuple du Fleuve, le Peuple des Niayes, le Peuple du Ferlo, le Peuple du Sine-Saloum, le Peuple du Sénégal Oriental et le Peuple de la Casamance. Ceci est donc un acquis précieux qu'il convient de faire prospérer en réhabilitant ces six Régions ou Provinces naturelles du Sénégal comme telles et en les érigeant en véritables collectivités territoriales autonomes. Dans cette perspective heureuse, M. A. Booker Sadji propose que l'on s'inspire de l'exemplarité suisse. En effet, selon ce professeur-chercheur émérite, « cette exemplarité apparaît sur le plan général d'autant plus défendable que même l'Allemagne s'y réfère. Ainsi, peut-on lire dans l'ouvrage intitulé *Allemagne - Faits et réalités*, publié à Francfort-surle-Main aux éditions Societäts-Verlag par A. Hoffmann : ''L'Allemagne est un des pays classiques de la forme d'État fédéraliste. Le fédéralisme a fait ses preuves. Il permet de mieux tenir compte des particularismes et problèmes régionaux que ne pourrait jamais le faire un gouvernement centralisé. À l'instar, par exemple, des États-Unis ou de la Suisse, le fédéralisme allemand allie l'unité sur le plan extérieur à la diversité sur le plan intérieur.'' Cette exemplarité pour le Sénégal quant à elle découle de la donne qu'à l'opposé de l'Allemagne et de l'Autriche fédérales, d'essence unitaire germanophone, la multiculturalité helvétique fondée sur quatre langues et cultures allemandes, françaises, italiennes et rhéto-romanes ou rhéto-romanches, la rapproche davantage du Sénégal avec ses diverses langues et cultures nationales en sus du français officiel. Vient s'y ajouter que l'exemple suisse – tout comme d'ailleurs du reste celui monoculturel de l'Autriche – permet de faire échec à l'opinion selon laquelle le nombre d'habitants limité au

Sénégal pourrait constituer un obstacle à une division démographique étatique fédérale. En effet, l'Autriche, la Suisse et le Sénégal comptent à peu près le même nombre d'habitants. Et de surcroît le cas de la Suisse permet d'autant mieux de minorer l'impact du nombre d'habitants sur la division de l'État fédéral en plusieurs régions ou provinces fédérées qu'elle en compte 23 (dénommées cantons), là où on en dénombre 9 en Autriche et 16 en République fédérale d'Allemagne. Au demeurant, un État fédéral ou fédératif sénégalais aurait, en ce qui concerne la densité de la population, comparativement aux trois États européens, une plus grande liberté de manœuvre sur le plan espace. Ainsi, là où 6 millions de Suisses doivent se suffire de 41 292 km2, de surcroît partiellement accidentés voire montagneux, le même nombre de Sénégalais dispose de 197 000 km2 » (A. B. Sadji, id.).

Monsieur Simon Pereira Barreto, autre professeur-chercheur émérite, souscrivant à l'analyse opportune de M. Sadji, et préconisant ainsi une solution de sortie de crise en Casamance, soutiendra à son tour, dans la même édition du quotidien Walfadjri, que « c'est à nous Sénégalais, à notre manière, tenant compte de notre histoire et des réalités d'aujourd'hui, emboîtant le pas à Madagascar et faisant preuve de dépassement, de montrer encore une fois la voie à l'Afrique ». M. Barreto va même plus loin en reprenant à son propre compte le propos de Monsieur Bernard Guetta qui, traitant de ''L'enjeu d'Abidjan'', fit la déclaration prémonitoire suivante, dans l'Express International n°2574 du 2 au 8 novembre 2000, page 30 : « Deux siècles se disputent l'Afrique, celui de la mondialisation des valeurs et celui du fracas des nations, le XXIe et le XXe. Ou bien les pays africains sauront se transformer en fédérations, trouver leurs équilibres internes et s'allier au sein d'ensembles régionaux ou bien l'Afrique s'enfoncera dans une guerre de Cent Ans : c'est cela qui se joue à Abidjan », comme en écho à Monsieur Jean Rous qui soutint, pour sa part, six ans plus tôt, dans l'édition du quotidien Le Soleil n°4135 du mardi 7 février 1984, que « le fédéralisme, au fond, c'est la civilisation de l'avenir... Parce que le fédéralisme, c'est la seule condition d'en sortir, car le monde est extrêmement divers et, en même temps, il a besoin d'unité. Si l'on veut qu'il aille vers une certaine unité tout en respectant toutes ces diversités, il n'y a que la fédération comme solution ».

Transformer l'État unitaire actuel du Sénégal en une République fédérale ou fédérative, portée par ses Provinces Naturelles, réhabilitées comme telles et érigées en collectivités territoriales autonomes : voilà donc, en l'occurrence, un combat prioritaire qui, aujourd'hui plus que jamais, vaut la peine d'être mené par tous les patriotes.

17. Le fédéralisme au Sénégal en guise de réparation d'une erreur historique

Le Sénégal dont nous avons hérité de la colonisation, c'est bien le Sénégal des Provinces Naturelles que sont : le Fleuve, les Niayes, le Ferlo, le Sine-Saloum, le Sénégal Oriental et la Casamance. C'est, en fait, le Sénégal des Autonomies, même si l'expert français Jacques Charpy, rendant un témoignage en son nom propre, le 21 décembre 1993, au terme de ses investigations sur le ''problème casamançais'', soutient que « la Casamance (– implicitement autant que les autres Régions naturelles du Sénégal –) n'existait pas en tant que territoire autonome avant (et pendant) la colonisation » (15). M'inscrivant totalement en faux contre les conclusions de l'expert, je lui apportai alors une réplique au moyen de mon fameux *Procès qui en cache un autre* (16), en soutenant notamment : « ...La Casamance existait bel et bien en tant que Nation très bien structurée politiquement, économiquement et culturellement. Tout d'abord le vocable ''Casamance'' éclaire parfaitement la volonté, de la part du Peuple Casamançais, de s'identifier à travers une appellation dans laquelle il se reconnaîtrait tant sur le plan économique et politique qu'en matière sociale et culturelle. Que ce vocable doive son origine au mot ''CASAMU'' (Pays-des-Rivières) ou à l'expression ''CASA MANSA'' (Roi ou Royaume du Casa) – l'une et l'autre origine conviennent tout à fait au Peuple Casamançais – cela illustre bien que la

Casamance n'était pas un pays de barbares, mais une Nation, nous ne saurions nous lasser de le rappeler, très bien structurée politiquement, économiquement et culturellement. Ainsi Bosselard-Faidherbe disait-il de la Casamance : ''Les Banuns formaient autrefois un État considérable. Ils occupaient en effet la plus grande partie des territoires compris entre la Gambie et le Cacheu et se trouvaient par conséquent à cheval sur la Casamance où ils occupaient la majorité des rives''(17).

« La Casamance représentait donc, jadis, un État considérable. C'est cette réalité dont les Portugais devaient prendre acte lorsqu'ils parcouraient ce pays dès le milieu du 16ème siècle et, surtout, quand ils devaient fonder le Comptoir de Ziguinchor en 1645. Dans ce sens, ''le représentant de l'autorité portugaise (en Casamance) devait compter avec le Chef du village qui appartenait au clan des Kabo de Djibelor, village voisin (de Ziguinchor). Une redevance annuelle lui était versée et rappelait que le site de Ziguinchor était une terre Banun''(18).

« Le système d'organisation de cet État était alors si cohérent et si puissant que les Portugais n'eussent d'autres choix que de coopérer avec le chef banun, sous peine de remise en cause ou d'échec de leur politique mercantile.

« Il n'est donc un mystère pour personne que l'autonomie de cet État, avec lequel le Portugal traitait, était une réalité politique formelle ; une réalité qui en avait induit une autre, celle de l'autonomie des représentants de l'autorité portugaise en Casamance. En effet, dirigé par un mulâtre (car aucun Portugais de Métropole ne résidait en Casamance), le Comptoir de Ziguinchor ne semblait être portugais que du seul fait qu'un drapeau du Royaume y flottait. Et pour cause, ''en 1808, le Chef de Ziguinchor, Manuel de Carvalho, ignorait qui était son supérieur (hiérarchique au Portugal)(19). Mieux, l'autonomie de Ziguinchor vis-à-vis de Lisbonne était telle que, malgré l'abolition de la traite des esclaves en 1814, entérinée depuis cette date par les Autorités Portugaises, Ziguinchor possédait encore des captifs en 1850, dont plus d'une centaine appartenaient à Rosa Carvalho, la sœur du Chef du Comptoir(19).

« Cependant, cette autonomie des représentants de l'autorité portugaise à Ziguinchor n'était pas sans conséquences politiques et diplomatiques, dont nous retenons principalement la pénétration française en Casamance. Livrés à eux-mêmes dans la lutte d'influence franco-portugaise, les mulâtres de Ziguinchor devaient tenter, mais en vain, d'empêcher les Français de s'installer en Casamance. N'était-ce pas là le revers de leur forte autonomie vis-à-vis de Lisbonne, due justement à la puissance de l'État Banun avec lequel ils étaient obligés de coopérer ? C'était en tout cas sans compter avec la détermination de la France, dont les Autorités semblaient plus interventionnistes et donc plus présentes que leurs homologues portugais dans chacun des territoires déjà acquis ou à acquérir. Ainsi les Français, appuyés par leur Gouvernement depuis Paris, avaient-ils conquis toute la Casamance, à l'exception de Ziguinchor qu'ils finirent par ''dompter'' au terme d'une Convention franco-portugaise du 12 mai 1886.

« Il faut donc reconnaître que la Casamance était un pays politiquement, économiquement et culturellement structuré, dont la France a pris acte de l'existence en tant que Territoire Autonome (cf. : en annexe, une copie d'une correspondance adressée, le 20 janvier 1937, par l'Adjoint des colonies résidant à Sédhiou, Marc Lebessou, à l'Administrateur Supérieur de la Casamance et Administrateur Commandant le Cercle de Sédhiou en résidence à Ziguinchor, laquelle correspondance comporte en son en-tête : ''Colonie du Sénégal – Territoire de la Casamance – Cercle de Sédhiou'' et a pour objet : État des métis résidant dans le Cercle de Sédhiou'') lors de la ratification de la Convention franco-portugaise le 20 juillet 1887, et qui devait par conséquent dépendre de l'autorité du Gouverneur Général de l'Afrique Occidentale Française (AOF).

Or, celui-ci était en même temps Gouverneur de la colonie du Sénégal proprement dite jusqu'en 1895. Ses multiples interventions en Casamance laissaient malheureusement à croire qu'il les effectuait en tant que Gouverneur du Sénégal... Pourtant, force est de reconnaître que la politique ''d'apprivoisement'' du Peuple casamançais, qu'il conduisait alors en sa qualité de Gouverneur Général de l'AOF, visait davantage à détourner les mulâtres de Ziguinchor de leurs attaches portugaises qu'à retirer à la Casamance son autonomie ancienne.

« Une autonomie qui tenait sa survie, d'une part, de l'éloignement de ce territoire ainsi que de son enclavement par rapport au reste de l'AOF et, d'autre part, d'une réalité politique traditionnelle propre à ce pays, fondée sur des principes de la souveraineté nationale. Mais une autonomie de la Casamance qui – hélas ! – n'avait pu survivre au ''hold-up'' que l'expert français, Jacques Charpy, justifie par le fait qu'au moment où le Sénégal accédait à l'indépendance, la Casamance n'aurait émis le vœu d'obtenir, à son tour et séparément, son indépendance nationale...

« ...Certes, l'aventure ''sénégalaise'' de la Casamance a-t-elle été initiée par l'avènement de la première Guerre Mondiale, puis développée quelques années plus tard par celui de la seconde Guerre Mondiale. En effet, le premier conflit mondial ayant éclaté alors que la France n'avait pas encore achevé sa mission ''d'apprivoiser'' le Peuple casamançais – qui d'ailleurs est resté insoumis jusqu'aux années 1920 – il paraissait difficile voire impossible, pour le Gouvernement Français, d'asseoir à coups de décrets ou arrêtés son autorité sur toute l'étendue du Territoire de la Casamance. À cause de cela, contrairement aux Territoires de l'Ancien Soudan, rattachés au Sénégal par un décret du 17 octobre 1899 (20), à notre connaissance, il n'y a pas eu à proprement parler de décret ayant fait expressément état d'un rattachement quelconque de la Casamance à la colonie du Sénégal. Il y avait tout au moins un décret du 22 septembre 1887, en vertu duquel les Territoires dits d'administration directe, dont le district de Casamance (Ziguinchor) faisait partie, ainsi que les Territoires dits de protectorat immédiat, parmi lesquels nous comptions Sédhiou et Carabane, étaient placés directement sous l'autorité du Gouverneur Général de l'AOF, assisté du Secrétaire Général (21)...

« ..."La Casamance n'était pas autonome avant la colonisation...", Mais quelle autre région du monde, soumise à la colonisation, avait-elle été "généreusement" considérée par le colon comme autonome ? S'il y en avait, de quel genre d'autonomie s'agirait-il ? Par rapport à qui, à quoi et comment ?... C'est donc par souci de fidélité à la logique coloniale que l'expert français a déclaré que la Casamance n'était pas autonome avant et pendant la colonisation française, mais... Mais la France s'étant désengagée de ses prérogatives coloniales sur ce pays, celui-ci n'a-t-il pas dorénavant le droit à l'Autonomie ?... » Autant – n'est-ce pas ? – que les autres Régions naturelles de ce Sénégal dont nous avons hérité de la colonisation ?...

À propos justement de cette autonomie ancienne des Provinces du Sénégal, Monsieur Djibril Diop ne dit pas autre chose quand il affirme : « Avant la prise en main des territoires du Sénégal par le colonisateur, le pays était autrefois composé de royaumes et de provinces indépendantes constitués très souvent sur une base ethnique. Il comportait entre autres : le Djoloff, le Cayor, le Walo, le Baol, le Fouta, le Gadiaga, le Gabou, le Sine ou encore le Saloum »(22).

En effet, selon cet universitaire, « le royaume du Walo se confondait avec le Delta du fleuve Sénégal correspondant aux actuels départements de Saint-Louis et de Dagana. Il était l'une des plus anciennes provinces du Sénégal »(22).

« Le royaume du Djoloff était situé au centre du Sénégal. C'était l'une des plus vieilles monarchies du Sénégal, sous la direction d'un empereur appelé Buurba Djoloff... Le Grand Djoloff, à son apogée entre le 13ème et le 14ème siècle, recouvrait pratiquement l'ensemble des régions situées entre les vallées des fleuves Sénégal et Gambie (...) notamment le Walo, le Cayor, le Baol, le Sine, le Saloum et une partie du Fouta (...) Dès 1549, le Cayor fut la première province à se libérer de la tutelle du Djoloff et les autres provinces suivirent son exemple. »(22)

« Le royaume du Cayor était localisé sur la vaste plaine entre l'Océan Atlantique à l'ouest, le Djoloff à l'est et le Sine au sud... Son Lamane (roi) portait le titre de Damel. »(22)

« Le royaume du Baol était une province de l'intérieur du Sénégal... Son organisation politique était identique à celle du Djoloff. »(22)

« Le royaume du Sine-Saloum était une confédération Sérère composée de deux grandes provinces autonomes : le Sine et le Saloum. Ce grand ensemble s'étendait de l'Océan Atlantique à l'ouest à la région de Diourbel jusqu'aux rives de la Gambie au sud. »(22)

« La Casamance était, jusqu'à l'intervention française, une entité hétéroclite composée de plusieurs dépendances. Favorisée par son climat et sa situation géographique, elle fut le refuge de différents peuples. Au XVe siècle, le roi d'une de ses diverses tribus, les Kassas, donna son nom à la région : Kassa-Mansa (Roi des Kassas) qui deviendra plus tard la Casamance. »(22)

« Trois grands peuples habitaient le Sénégal Oriental : les Malinkés, les Soninkés et les Hal Pular (Toucouleurs et Peuls). Les Malinkés, originaires du Mandé (Mali), fondèrent, entre le XIIIe et le XIVe siècle, le grand empire musulman du Gabou qui couvrit une grande partie de la Sénégambie. Par la suite les Peuls du Boundou et du Fouta Djallon se coalisèrent pour détruire ce puissant empire qui étendait ses tentacules un peu partout. Un royaume Toucouleur, le Boundou, fut alors fondé vers 1698 par le marabout Malick Sy, qui portait le titre d'Almamy. »(22)

Quant au royaume de la fédération Lébou du Cap-Vert : « Après avoir habité, dans un premier temps, le Tekrour puis autour du Lac de Guiers, les clans lébous émigrèrent vers le Djoloff ensuite au Cayor où ils se mêlèrent aux Wolofs et apprirent leur langue. À la suite de différends avec leurs hôtes, ils se déplacèrent vers l'Ouest et finirent par s'installer dans la presqu'île du Diender, qui était alors habitée par des Sérères et des Mandingues. Ils fondèrent plusieurs villages : Kossane, Rufisque, Bargny, Yoff, N'Gor, Dakhar, tous sous dépendance du Damel du Cayor. »(22)

Donc, au vu de ce bref éclairage historique, réhabiliter les Régions Naturelles du Sénégal comme telles et en tant qu'entités autonomes juridiquement, territorialement, politiquement, socio-économiquement et culturellement, serait ne point insulter l'Histoire de notre Nation.

18. Le fédéralisme au Sénégal : une parade par excellence contre toute dérive autochtoniste

Quand, en 1982, le conflit opposant l'État au MFDC a éclaté, le président Abdou Diouf et son régime, pour dé-légitimer les revendications incarnées par ce mouvement indépendantiste, prétendirent que celui-ci n'était en fait qu'un regroupement *ad hoc* de bandits joola qui chercheraient ainsi à instituer, en Casamance, une république joola exclusive de toutes les autres ethnies casamançaises. La théorie de Raymond Mayer trouve ici une résonance et un écho apparemment scientifiquement avérés, lui qui affirme que « dès qu'un État colonisateur intervient dans un territoire non colonisé, ce dernier est affublé du lexique ethnique et tribal. Autrement dit, c'est la centralisation qui produit la balkanisation de la pensée externe. »(23) S'il est aisé d'admettre que le président Diouf et son régime n'étaient pas fondamentalement colonialistes, il n'en demeure pas moins que leurs actes, relayant littéralement leurs propos dans la gestion du conflit en Casamance, frisaient franchement des pratiques dignes de la colonisation. Aussi, leur stratagème avait-il, un temps, réussi. Il avait, en effet, cristallisé les conséquences douloureuses induites par le conflit sur la seule ethnie joola et, en même temps, fini d'installer, dans l'imaginaire du commun des mortels, le fait d'être joola comme une tare, tant en Casamance que dans le reste du Sénégal. Fort heureusement pour les Joola, et avec eux la Casamance voire le pays tout entier, c'est finalement l'État lui-même qui, contraint d'évoluer et de se remettre en question malgré sa toute-puissance, va amorcer quelque solution de sortie de crise en Casamance, au moyen notamment de sa politique de régionalisation et de ses lois fameuses de décentralisation homéopathique n° 96-06 et 96-07. En effet, nous constatons qu'à mesure que se développent et se modernisent l'État, ses institutions territoriales et leurs ramifications respectives, les ethnies ou autochtonies casamançaises – ainsi que celles de toutes les autres régions de Sénégal – « disparaissent », dès lors que, en tant que telles, elles ne disposent plus de pouvoir politique, social et économique sur leurs terroirs respectifs. Les guillemets entourant le verbe *disparaissent* témoignent, ici, de ce que les ethnies ou autochtonies ne peuvent disparaître complètement, cependant que leurs cultures respectives leur survivront toujours, nécessairement, au grand intérêt du Pays, de l'État-Nation, en l'occurrence l'État sénégalais, dont l'érection en un État fédéral serait alors, en soi, dans son essence comme du point de vue de sa finalité, une formidable parade contre toutes velléités ethnicistes ou autochtonistes. Ceci est du moins une conviction pour moi. Car, à l'arrivée ultime, il y aurait ce qu'il conviendrait d'appeler la Culture sénégalaise en tant que la somme de toutes les Cultures ethniques ou autochtones du Sénégal, qui auraient alors survécu *in fine*, définitivement, aux ethnies ou autochtonies du Sénégal, c'est à dire ces soubassements cardinaux et irréductibles des Peuples composant le Peuple sénégalais. Ainsi, la soustraction naturelle des ethnies ou autochtonies en appellerait à l'addition dynamique de leurs cultures respectives. Cette assertion est valable pour un État à plusieurs ethnies comme le Sénégal. Mais elle est sûrement valable, aussi, pour ce que nous appelons désormais la Communauté Internationale aux prises avec les effets (positifs et négatifs) de la mondialisation. Peut-être, à terme, l'Humanité assistera-t-elle – peut-on encore rêver ? – à l'éclosion d'une culture internationale, synonyme de l'addition sinon de la synthèse de la multitude de cultures existantes.

19. Conclusion

"Quand on est quelqu'un, pourquoi vouloir être quelque chose ?"

Vous vous en doutiez certainement, les deux gros pontes de la politique en Casamance, dont il était question précédemment, ne sont autres que Messieurs Robert Sagna et Abdoulaye Baldé. Autant que je me souvienne, M. Sagna est Joola. Il est né à Brin, un village situé à dix kilomètres de Ziguinchor, sur l'axe Ziguinchor – Oussouye – Cap-Skirring. Il est ingénieur agronome doublé d'un économiste. Ministre de la République pendant 22 ans sans discontinuité, sous le régime des présidents Léopold Sédar Senghor et Abdou Diouf, il avait alors battu, à ce titre, tous les records au Sénégal. En effet, sauf erreur, il avait été successivement secrétaire d'État à la promotion humaine, ministre de la Pêche, ministre de l'Équipement et des Transports, ministre de l'information et ministre de l'Agriculture, sans oublier qu'il avait été élevé entre-temps au rang de ministre d'État. Maire de Ziguinchor depuis deux décennies, il est également (au moment où j'écris ces lignes) député à l'Assemblée Nationale à l'issue des législatives de juin 2007 à l'occasion desquelles son principal concurrent et lui discutaient mutuellement leur casamancité respective. M. Baldé, pour sa part, autant que je sache, est Peulh. Il est né ou adopté, une vingtaine d'années au moins après M. Sagna, à Darsalam, un village situé à deux kilomètres de Brin sur le même axe qu'indiqué ci-dessus. Il est administrateur civil. Ancien commissaire de police, il fut aussi un fonctionnaire d'Interpol, avant de se retrouver à la présidence de la République du Sénégal dont il est le Secrétaire Général (au moment où j'écris ces lignes), et ce, depuis l'avènement de l'alternance politique dans notre pays le 19 février 2000. Comme son aîné, il avait été élu député à l'Assemblée Nationale en juin 2007, sauf qu'il n'a pu y siéger en vertu de la loi interdisant le cumul des mandats ou des fonctions. M. Baldé se fixe comme challenge de déloger M. Sagna de la mairie de Ziguinchor lors des prochaines élections locales, sans cesse reportées, mais qui devraient se tenir le 22 mars 2009 (et il y est parvenu). L'ancien ministre de la République et l'ancien commissaire de police sont respectivement secrétaire général du Rassemblement pour le Socialisme et la Démocratie (RSD) – un mouvement politique tiré de l'un des multiples flancs du Parti Socialiste (PS) – et patron des libéraux casamançais du Parti Démocratique Sénégalais

Mademba n'est pas natif du terroir. Et alors ?

(PDS)[4], le parti au pouvoir du président de la République, Me Abdoulaye Wade. L'un et l'autre sont, ainsi, selon le langage courant « Quelqu'un ».

Or, à la faveur de leurs disputes politiques aux allures franchement autochtonistes ou ethnicistes, j'ai envie, avec l'académicien français Jean d'Ormesson, citant Flaubert, de m'écrier : Messieurs, "quand on est quelqu'un, pourquoi vouloir être quelque chose ?"(24), Mais je leur dis : Attention, Messieurs ! les prochaines échéances sont des élections locales. C'est à dire, par définition, des élections de proximité, de surcroît dans le contexte particulier, ultra sensible, qui est celui de la Casamance. Aussi, faut-il l'admettre : Monsieur Abdoulaye Baldé a beaucoup à apprendre, sinon à prendre auprès de Monsieur Robert Sagna, là où Monsieur Robert Sagna a tout à donner.

Cependant, si, manifestement, Monsieur Baldé part handicapé dans son duel avec Monsieur Sagna, du fait précisément de son origine supposée non casamançaise, il en serait tout à fait autrement pour lui dans la course à la succession du président Abdoulaye Wade à la tête de l'État. En effet, évoquant une telle perspective, le journaliste

---

4 À la chute, en 2012, de son mentor, Monsieur Abdoulaye Baldé a créé sa propre formation politique, l'UCS (Union des Centristes Sénégalais). Mais, auparavant, sous le régime du président Abdoulaye Wade, il avait été successivement secrétaire général de la Présidence, ministre des Forces armées, ministre de l'Intérieur et ministre des Mines. Il est député à l'Assemblée Nationale depuis juillet 2012.

Mademba n'est pas natif du terroir. Et alors ?

Momar Dieng fait l'analyse suivante : « ...C'est donc à partir des tares de Dupont (alias Karim Wade, fils du président de la République) que Wade intensifie la guérilla ouverte contre Demba (alias Abdoulaye Baldé). Toutes choses étant égales par ailleurs, on peut considérer que les tares supposées de Karim Wade paraissent la force présomptive de Abdoulaye Baldé. Le premier n'est pas strictement sénégalais, il possède aussi la nationalité française. Sa peau métissée le rapproche psychologiquement de l'étranger en vadrouille, ce qui ne le rend pas immédiatement « consommable » au niveau local où les populations attachent, en général, une importance symbolique très forte aux origines des postulants aux fonctions suprêmes. Son incapacité à trouver un moyen direct de se faire accepter des Sénégalais, en lieu et place des chargés de mission délégués dans les cérémonies religieuses, mais plus fondamentalement les doutes justes et justifiés sur son inaptitude publique à parler le wolof ou une autre langue nationale, expliquent mieux que tout les appréhensions qui bloquent son explosion. Karim Wade peut gagner l'estime de Sénégalais par ses actions médiates de type social ou religieux, il lui faut un peu plus d'opiniâtreté et de hardiesse, un peu moins de fixation sur le phénomène argent, pour parvenir au dessein que père, spin doctors et oracles lui prédisent... Parler du local Baldé, maîtrisant au moins le joola, le wolof et peut-être d'autres langues nationales, beau-fils du khalife général des Mourides, bourgeois à deux femmes, d'un côté, et de l'autre Karim, un mystérieux métis replié dans son cocon et qu'on meurt d'envie de mieux connaître, ce n'est pas tomber dans un culturalisme de type raciste. C'est simplement, et sans hypocrisie, poser, dans le cadre de batailles politiques annoncées, des paramètres sociaux qui, au-delà des arcanes de la corruption dont les politiques sont capables, représentent des facteurs d'appréciation pour une bonne partie des Sénégalais... »(25)

À la lecture de cette analyse, je ne sais si Monsieur Karim Wade est une victime à plaindre ou, au contraire, un fieffé coupable qui aurait mérité le sort qu'on lui promet, ou encore les deux à la fois. En tous les cas, il est une réalité imparable selon laquelle celui-ci est un métis, sénégalais par son père et français par sa mère. Sa peau paraîtrait même plus blanche que métissée. En outre, il passe pour quelqu'un qui ne parle aucune langue nationale, même si, de manière non innocente, on se méprend en le soutenant quand on sait par ailleurs que la première langue nationale du Sénégal se trouve être le français que l'intéressé manie pourtant à merveille. Ainsi, Monsieur Karim Wade serait réputé non local, non autochtone, à l'inverse bien évidemment de son adversaire potentiel présumé à la succession du président Abdoulaye Wade. Et pour couronner le tout, le fils du président de la République aurait le tort d'être monogame et la malchance de n'être pas le gendre d'un grand dignitaire religieux... Ceux qui verraient les choses autrement, au Sénégal ou ailleurs, n'auraient donc plus que leurs yeux pour pleurer.

Mademba n'est pas natif du terroir. Et alors ?

Je ne doute pas que, lorsque paraîtra ce présent *plaidoyer contre l'autochtonie*, tout le monde aura déjà oublié les élections locales dont il était question antérieurement. Toutefois, à la lumière de ce qui précède, mon message s'adresse à n'importe quel leader politique qui, aujourd'hui comme demain, en Casamance ou ailleurs, pourrait être tenté, à des fins crypto-personnelles ou bassement politiciennes, d'user du dangereux levier autochtoniste ou ethniciste.

Est-ce que *radio mille collines* vous rappelle quelqu'un ou quelque chose ? Oui ! allez-vous sûrement me répondre. Mais, j'en suis sûr, elle ne vous rappelle pas quelqu'un. Elle vous rappelle plutôt quelque chose d'horrible : le génocide rwandais. En effet, depuis *radio mille collines*, nous l'avons vu, l'on avait planifié sinon encouragé – méthodiquement, insidieusement, sournoisement, cyniquement, diaboliquement ! – le massacre généralisé des Tutsi et des Hutu modérés ou considérés comme tels par les Hutu extrémistes en 1994, en représailles, nous dit-on, contre l'assassinat du président de la République, le Hutu Juvénal Abyarimana.

Pour ma part, je me rappelle, pour m'en réjouir, la dernière audience que M. Baldé a bien voulu m'accorder en mai 2007 et à l'occasion de laquelle celui-ci se souvint, tout à coup, avec émotion, des moments exceptionnels qu'il avait partagés à Brin, dans les années 70, avec ses camarades d'âge et accessoirement ou de manière collatérale avec votre serviteur, sous l'œil, sinon éducateur, du moins vigilant, du frère cadet de M. Sagna. À l'écouter, je me mis à rêver à mon tour et à chanter silencieusement l'hymne de la Casamance :

"Ô Casamance,

Mon beau pays !

Lieu de mon Enfance,

Du bonheur, des chansons

Et des rires.

Ta souvenance

Laisse à ma dolence

Un peu d'espérance.

"Hélas ! sur cette Terre,

Où je suis exilé,

Mon âme est solitaire

Et mon cœur désolé :

J'attends chaque jour

Mademba n'est pas natif du terroir. Et alors ?

Le moment du Retour.

''Finis chants d'allégresse,

Finis les clairs matins,

Voici que ma jeunesse

Au fond des yeux s'éteint :

Puisque je n'ai plus d'espoir de te revoir.

''Unité, Liberté

Et Solidarité ;

Justice et Vérité ;

Voilà pour tout moment,

Ton Commandement,

Voilà ton Fondement.''

''Voici que ma jeunesse au fond des yeux s'éteint : puisque je n'ai plus d'espoir de te revoir'', Ô Casamance de ma jeunesse, depuis ma terre d'exil mental sinon psychique voire culturel et géographique ; plus d'espoir de te revoir, Ô Belle Casamance de mon enfance, toi qui savais, comme aucun autre terroir, ni avant ni après toi, amalgamer si merveilleusement autochtone et étranger, passé et avenir, souvenir et espérance, exil et accueil. Toutefois, ''j'attends chaque jour le moment du retour'', du retour aux sources, du retour au *temps du passé* – tout en zappant le *temps du présent* où l'autochtonie s'illustre plus que jamais en ne se conjuguant qu'au présent – pour, ainsi, me dépêcher, me hâter, aussi rapidement ou lentement que sûrement – inéluctablement et irréversiblement, mais invariablement ! – vers le *temps*, sinon *du futur*, du moins *de l'ailleurs*. Oui, vers le *temps de l'ailleurs* comme synonyme du temps de l'unité, de la liberté et de la solidarité, de la justice et de la vérité, en tant que ton commandement, ton fondement ... pour toujours.

20. Postface

« *L'Acte III de la décentralisation ou l'acte majeur qui va consacrer la fin du conflit en Casamance*»

Et pour cause, l'Acte III de la décentralisation préconise que l'on admette que « la Région constitue l'échelon de mise en cohérence des outils de planification des actions de développement dans un espace socio-économique et culturel approprié par ses habitants. Elle forme, ainsi, un espace homogène au plan éco-géographique, historique, socioculturel et économique. Les Régions, issues du regroupement des départements, seront en nombre limité pour favoriser l'objectif de cohérence territoriale et régler le problème de l'émiettement territorial mentionné(…) Ainsi, il est proposé le remodelage du pays en six (6) Régions : Casamance, Dakar-Thiès, Diourbel-Louga, Fleuve, Sénégal oriental et Sine-Saloum. Elles répondent aux fondamentaux pour structurer des territoires qui peuvent ainsi avoir une spécificité urbaine, industrielle, agricole, minière ou touristique, mais qui ne peuvent se passer d'un ou de plusieurs pôles urbains, seuls à même de cristalliser la personnalité régionale. Le principe de découpage "régional" repose, à la fois, sur l'identité des territoires, sur ses réalités naturelles économiques – en particulier sur l'armature de transport –, et s'appuie sur le rôle des villes. »

» L'Acte III de la décentralisation prévoit en outre que la Région « pourrait être érigée en collectivité territoriale articulée à une échelle de gouvernance déconcentrée. Tout comme pourrait être considérée l'option consistant à faire de la région un cadre de coopération piloté par une assemblée composée des représentants des élus des départements qui la composent ainsi que des acteurs de la société civile et du secteur privé. » En d'autres termes, chaque Région disposerait d'une assemblée régionale et d'un président élus.

» En cela, et à n'en point douter, l'Acte III de la décentralisation est la réponse par excellence à la revendication substantielle du Mouvement des Forces Démocratiques de la Casamance (MFDC). En effet, celui-ci revendique, au moyen de sa Plateforme revendicative adoptée comme telle lors de ses assises du 6 au 8 octobre 2003 à Ziguinchor, entre autres : la réhabilitation des six (6) Régions naturelles du Sénégal (Le Fleuve, Les Niayes, Le Ferlo, Le Sine-Saloum, Le Sénégal Oriental et La Casamance) ainsi que leur érection en régions ou provinces autonomes (juridiquement, techniquement et financièrement).

» Autrement dit, avec l'Acte III de la décentralisation, nous pouvons être sûrs que, non seulement l'État, quoique repensé et refondé de la sorte, ou à cause même de cela, demeurera intégralement préservé (l'unité et la cohésion nationales ne risquant en rien d'être égratignées), mais du point de vue du MFDC, cela sera perçu à la fois comme un symbole et comme un gage du commun vouloir de vie commune, à plusieurs Peuples, dans une seule et même Nation sénégalaise, et donc la Casamance bien comprise. Qui plus est, l'Acte III de la décentralisation préconise que « la région de la Casamance (réhabilitée) sera le pôle pilote pour l'application de la réforme (éponyme). Elle fusionnera les régions de Ziguinchor, de Sédhiou et de Kolda, soit 28.350 km² pour 1.551.600 habitants. Territoire frontalier, par excellence, avec la Gambie, la Guinée-Bissau, la Guinée, la Casamance exerce un attrait considérable sur les plans paysager, culturel et socio-économique. Son isolement relatif a contribué à forger sa personnalité régionale. Le cadre naturel offre d'énormes potentialités tant pour l'économie rurale, industrielle que pour le tourisme: importantes ressources forestières, de nombreux chenaux et cours d'eau, une pluviométrie abondante, des bas-fonds, zone de prédilection de la riziculture. La Casamance, qui est un territoire en conflit depuis quelques années, exige une approche spécifique. Et, dans une perspective d'aménagement du territoire, l'enjeu le plus important est une meilleure intégration de cette région dans l'espace national et l'affirmation de sa position géostratégique dans un ensemble sous-régional plus vaste. Activités phares: élevage, tourisme balnéaire, écotourisme, production et transformation agricole. »

» Aussi, la « communalisation intégrale » (avec la transformation des communautés rurales en communes), conjuguée à un redécoupage autrement plus rationnel des départements (érigés en collectivités territoriales dotées d'une assemblée départementale et d'un président élus), tel que cela est envisagé avec l'Acte III de la décentralisation, trouve-t-elle ici à la fois toute sa pertinence et toute sa justification.

» Sous ce rapport, donc, l'Acte III de la décentralisation est l'économie même de toutes négociations de paix en Casamance. Voilà pourquoi, nous lançons un appel vibrant, en vue d'une appropriation réelle et objective de l'Acte III de la décentralisation, de la part de tous et de chacun, et notamment de nos frères et sœurs du Mouvement des Forces Démocratiques de la Casamance. »

Ce cri du cœur m'est propre. Je l'ai émis le 26 octobre 2013, au nom du MFDC-fédéraliste, cependant que l'Acte III de la décentralisation demeure au stade de projet, même si une loi y relative a été adoptée par l'Assemblée nationale. Et rien, absolument rien, ne dit, nonobstant l'espoir ou l'espérance dont il est porteur, que ce projet de réforme institutionnelle prospérera. D'ailleurs, comment l'Acte III de la décentralisation pourrait-il prospérer s'il était imputé de sa substance, à savoir : la nécessaire institution, au Sénégal, d'une nouvelle République, *à la fois une, plurielle et véritablement fédérative* des réalités socioculturelles, territoriales, économiques et politiques du pays ? En effet, nous ne saurions nous lasser de plaider, mes amis et moi, pour une *nouvelle République du Sénégal, une et plurielle, indivisible et fédérale ou fédérative*, composée d'autant de Provinces autonomes que la Nation sénégalaise ne dispose, consubstantiellement, de Régions naturelles. Loin d'être une fin en soi, cette vision, qui nous est propre, se veut avant tout une réponse, ou une tentative de réponse, à la ''Question

Nationale'', encore pendante de nos jours, et dont le conflit en Casamance, qui oppose l'État et le Mouvement des Forces Démocratiques de la Casamance (MFDC), constitue le Chapitre dominant. Certes, l'Acte III de la décentralisation se veut un clin d'œil, sinon un appel du pied, à l'intention du MFDC. À notre intention aussi. Mais ça n'est pas assez. Ou, à tout le moins, cela restera une chimère, si les pôles de développement, qui y sont préconisés, constituent davantage un cadre approprié pour une présence à la base encore plus prégnante de l'État ultracentralisé du Sénégal que lesdits pôles ne sont conçus pour être la matérialisation, ainsi que nous l'appelons de nos vœux, d'un véritable acte de décentralisation territoriale. Car, un tel acte de décentralisation territoriale eût nécessairement impliqué l'institution de ces pôles de développement en tant que collectivités territoriales, juridiquement, techniquement et financièrement autonomes. Autrement dit, la décentralisation territoriale sera effective, si et seulement si les pôles de développement, qui ne sont autres que les Régions naturelles réhabilitées du Sénégal, disposent du statut de collectivité territoriale, juridiquement, techniquement et financièrement autonome.

Alors, et seulement alors, le processus de décolonisation pourra être considéré comme totalement achevé au Sénégal, pour autant qu'une nouvelle ère soit véritablement ouverte (et non plus seulement entre-ouverte !), celle de *l'intégration-fédération* des Peuples sénégalais, qui supplée et même supplante à ce titre celle désormais révolue de leur prétendue intégration-absorption à la Nation sénégalaise. On voit donc, ici, que *"décolonisation"* ne fait pas que rimer avec *"décentralisation"*. C'est bien plus profond et plus transcendant que cela. En effet, la décolonisation, c'est avant tout, ou à tout le moins ce devrait être avant tout un processus de réhabilitation, sinon de réparation. Un processus, donc, de réhabilitation-réparation de nos histoires respectives. Un processus, également, de réhabilitation-réparation de nos territoires ou terroirs respectifs. Un processus de réhabilitation-réparation, encore et toujours, et à plus forte raison, de nos cultures respectives. Un processus, enfin, de réhabilitation-réparation de nos socio-économies respectives. Soit des processus de réhabilitation-réparation effectifs et efficients, dans le contexte nouveau qu'est l'État postcolonial, qui apparaitrait à cet effet comme consubstantiel à ces processus de réhabilitation-réparation historique, territoriale, culturelle et socio-économique des Régions naturelles du Sénégal. En fait, faute d'être reconnu et consacré comme tel par essence, l'État postcolonial, en Afrique, a pour vocation de s'accomplir en tant qu'État fédéral ou fédératif. Ce qui, hélas, ne va pas de soi, sauf à (re)formater, dans cette perspective, des dirigeants et des élites, en l'occurrence africains, qui soient de formidables pourvoyeurs d'idées et d'actes (politiques) rigoureusement asymptomatiques. C'est-à-dire des idées et des actes qui ne présentent aucun symptôme pathologique lié à l'État colonial ou à la colonisation.

Or, l'Acte III de la décentralisation, tel qu'il est préconisé par le président Macky Sall, reste arrimé, de manière pathologique, à la dernière réforme territoriale française, celle-ci se caractérisant notamment par la réduction du nombre de régions de vingt-deux à treize. Et pourtant, si, là-bas, en France, l'aménagement du territoire est l'affaire de l'État jacobin, ici, au contraire, et nous le savons tous, sauf à nous mentir à nous-mêmes, les Régions naturelles du Sénégal ne procèdent, historiquement, d'aucune décision administrative d'aucune sorte. Elles sont plutôt consubstantielles aux Peuples qui les incarnent respectivement. Réhabiliter les Régions naturelles du Fleuve, des Niayes, du Ferlo, du Sine-Saloum, du Sénégal Oriental et de la Casamance, c'est donc réhabiliter les Peuples éponymes, pour une Nation sénégalaise encore plus UNE et plus PLURIELLE.

Alors, quel Sénégal ou quel État sénégalais pour aujourd'hui et pour demain ?

D'ores et déjà, l'Acte III de la décentralisation, par ses limites avérées, appelle tout logiquement un nouvel acte, l'Acte IV de la décentralisation, qui sera véritablement la matérialisation de l'idée qu'« Il ne sera jamais trop tard pour tenter de bien faire, tant qu'il y aura sur terre, un arbre, une bête ou un homme. »(26) Il se trouve qu'au Sénégal, malgré le conflit en Casamance, qui oppose l'État et le Mouvement des Forces Démocratiques de la Casamance (MFDC) depuis 1982 ; et en dépit de la dynamique d'autodestruction à laquelle nous nous livrons tous collectivement, il existe encore – fort heureusement ! – des arbres, des bêtes et des hommes (c'est-à-dire des femmes et des hommes), qui ne sont autres, et tout à la fois, que l'objet et la finalité de notre concept de gouvernance. C'est pour ainsi rappeler que la gouvernance, au Sénégal, a pour objet et pour finalité, du moins selon notre conception, prioritairement et tout à la fois : l'accès à la santé, à l'éducation, à l'eau potable, à l'électricité, à l'alimentation, à un habitat décent, à un environnement sain, aux infrastructures de base (routes, moyens de transport), à la sécurité, à la justice, en tant que biens publics essentiels. Or, pour sénégalais qu'ils soient au Sénégal, ces biens publics essentiels n'en sont pas moins globaux ou mondiaux. Ce qui nous autorise, à bon droit, à suggérer que la seule gouvernance mondiale, que l'humanité puisse jamais mériter, ne soit guère une gouvernance commerciale et financière. Elle est, au contraire, ou, à tout le moins, elle devrait être une gouvernance (mondiale) par la coopération.

Dans notre entendement, la gouvernance par la coopération Sud-Nord ou Nord-Sud suppose : Primo : Que les pays pauvres du Sud, qui en éprouvent le besoin ou la nécessité – et le Sénégal en tous les cas – se reconnaissent, d'abord, comme tels ; qu'ils admettent, ensuite, qu'il n'est aucunement vertueux d'être pauvre ; qu'ils expriment, encore, pour cela, leur volonté politique d'engager réellement la lutte contre la pauvreté ; et qu'ils admettent, enfin, en l'occurrence, que pour gagner la bataille, ils ont besoin, plus que jamais, d'alliances fécondes avec les pays riches du Nord, qui en éprouvent tout autant le besoin ou la nécessité. Secundo : Que les pays pauvres du Sud, et le Sénégal en tous les cas, rompent, à tout jamais, avec toutes dynamiques de culpabilisation des richesses des pays riches du Nord. Car, être riche, n'est pas et ne saurait être, en soi, une faute. Tertio : Que les uns et les autres apprennent à se regarder, les yeux dans les yeux, et que, ainsi, ils admettent – dans la sincérité donc ! – que le développement est inachevé dans les pays pauvres, parce que la générosité des pays riches à leur égard est inachevée. Mais aussi, quoique pour partie seulement, parce que le processus de décolonisation, en Afrique notamment, est inachevé, ou mal achevé. L'on comprendra, donc, aisément, pourquoi nous nous inscrivons totalement en faux contre les propos du genre : ''Le Sénégal est un pays émergent''. D'ailleurs, penser cela, à plus forte raison le clamer haut et fort, est une hérésie, voire un crime économique par certains égards. Car, le Sénégal, objectivement, est un pays pauvre, et même très pauvre. Et tant pis pour le complexe de pauvreté que certains des nôtres nourrissent, avec un narcissisme qui n'a d'égal que leur ego surdimensionné.

La gouvernance (mondiale) par la coopération Sud-Nord ou Nord-Sud sous-tend, donc, que, naturellement, nous (re)découvrions que les impératifs de la nécessaire lutte contre le terrorisme valent ceux de la nécessaire lutte contre la pauvreté, au Nord autant qu'au Sud, et le Sénégal bien compris. Or, qu'est-ce que c'est, aujourd'hui, que ces impératifs de la nécessaire lutte contre la pauvreté au Sénégal, sinon, d'une part, que de résoudre définitivement le conflit tri-décennal en Casamance et, d'autre part, que de permettre, aux populations sénégalaises, l'accès aux biens publics essentiels sus-évoqués ? Comment peut-on parvenir au développement, et même simplement à quelque émergence socio-économique que ce soit, au Sénégal, avec une Casamance qui n'en finit pas d'être meurtrie par bientôt quatre décennies de guerre ?

Pour qu'un pays puisse se développer, c'est un euphémisme, il faut que ses citoyens-acteurs ne vivent pas dans la peur ; et qu'ils aient confiance envers leur pays et ses institutions ainsi que dans la sécurité et la stabilité de ce dernier. Certes, la paix en Casamance n'a pas de prix, mais elle a un coût :

- Elle a un coût politique : En effet, admettre que le problème casamançais est, avant tout, un problème sénégalo-bissauguinéo-gambien, est diplomatiquement très chargé, et politiquement très coûteux. Il n'empêche que c'est cela la réalité, fût-elle cruelle. Par conséquent, il importe que la dimension sous-régionale du conflit en Casamance soit prise en compte, non seulement par le Sénégal, avec ses voisins, mais également par la Communauté internationale, pour une gestion concertée et mutualisée du processus de paix en cours, en vue de la paix définitive, maintenant.

- La paix en Casamance a également un coût institutionnel, d'autant que le conflit en Casamance a révélé que la République du Sénégal était à refonder, et le Sénégal à recréer.

- La paix en Casamance, bien évidemment, a un coût socio-économique :

a)- Tout le monde en convient, aussi longtemps que la Casamance sera enclavée, le principe de la continuité territoriale de l'État, au Sénégal, restera sans fondement. C'est donc la priorité des priorités que le désenclavement interne et externe de la Casamance.

b)- La Casamance est infestée de mines et autres engins polluants, du fait de la guerre qui y prévaut depuis bientôt quatre décennies. Certes, l'ensemble des zones concernées est d'ores et déjà déterminé. Cependant, seul le règlement définitif du conflit permettra une dépollution intégrale de la Casamance ainsi qu'une reprise normale des activités économiques, sociales et culturelles de la région Sud du Sénégal.

c)- La création puis le déploiement immédiat d'un « Plan Marshal » pour la Casamance, d'une durée d'au moins dix ans, sont une nécessité absolue pour une véritable relance socio-économique de la région Sud du pays.

Naturellement, pour la résolution définitive de la crise en Casamance, d'une part et, de l'autre, pour le désenclavement effectif et pour une relance conséquente de l'économie de la Casamance, les autorités sénégalaises en expriment une volonté et une détermination politiques certaines. Plus globalement, l'accès à la santé pour tous ; l'accès à l'éducation pour tous ; l'accès à l'eau potable et à l'électricité pour tous ; l'accès à l'alimentation (tant sur le plan quantitatif que qualitatif) pour tous ; l'accès à un habitat décent pour tous ; l'accès à un environnement sain pour tous ; l'accès aux infrastructures de base telles que les routes et les moyens de transport pour tous ; l'accès à la sécurité et à la justice pour tous, etc. sont au moins autant de biens publics élémentaires, mais non moins essentiels, que les pouvoirs publics, au Sénégal, ont l'obligation de pourvoir aux populations. Mais, faut-il encore l'admettre, objectivement, ils n'en ont pas suffisamment les moyens. C'est tout l'enjeu du développement du Sénégal et, plus généralement, des pays pauvres du Sud. C'est tout l'enjeu, aussi, d'une vraie coopération Sud-Nord ou Nord-Sud, qui participe, objectivement et fondamentalement, de politiques publiques de l'investissement à moyen et long terme, dont les profits – à terme et seulement à terme, donc ! – bénéficieront, nécessairement et durablement, et aux pays pauvres et aux pays riches, pour la joie sinon le soulagement de l'humanité.

Le développement est inachevé dans les pays pauvres, parce que la générosité des pays riches à leur égard est inachevée, disions-nous. Or, tous les deux seront achevés, nous en sommes convaincus, si et seulement si l'ensemble des biens publics essentiels susmentionnés est reconnu, en droit et dans les faits, comme le droit humain par excellence et inaliénable. C'est alors que l'idée, de plus en plus communément admise, de « pacte social planétaire » recouvrera son sens réel plénier, au-delà même de sa simple pertinence intellectuelle, parce qu'appelant à son tour, aujourd'hui plus que jamais, à une coopération d'un genre nouveau, qui participe, en l'occurrence, et fondamentalement, de notre idée de gouvernance (mondiale) par la coopération. Mais avec quel État sénégalais ?

Quelque regard rétrospectif nous apprendrait certainement que le Sénégal est un État privilégié en matière de coopération internationale, mais pour un résultat plus que mitigé. Il urge donc que le Sénégal des « Autonomies » naisse, ou renaisse. C'est-à-dire le Sénégal du Fleuve, le Sénégal des Niayes, le Sénégal du Ferlo, le Sénégal du Sine-

Saloum, le Sénégal du Sénégal Oriental et le Sénégal de la Casamance. En fait, le Sénégal fédéral ou fédératif que nous appelons de nos vœux. Oui, c'est avec ce Sénégal-ci que la coopération internationale, devenue véritablement décentralisée, portera ses fruits.

Bien évidemment, faut-il encore le rappeler, le fédéralisme, au Sénégal, ça n'est pas une opinion, mais une heureuse perspective, à la faveur de laquelle, les Citoyens prendront pleinement possession de leurs Régions ou Provinces respectives, en l'occurrence, Le Fleuve, Les Niayes, Le Ferlo, Le Sine-Saloum, Le Sénégal Oriental et La Casamance, en tant que *particularités* (régionales) historiquement conditionnées comme telles par ce qui passe pour une *universalité* (nationale), Le Sénégal. Donc des *particularités* (régionales) limitées, et même délimitées, par l'*universalité* (nationale), Le Sénégal. Mais à quelle fin ? N'est-ce pas pour y promouvoir le bien-être de tous et de chacun ? L'unité des *particularités* (régionales) et de l'*universalité* (nationale), c'est bien ce que nous concevons comme la *fédération*. En d'autres termes, l'*universalité* (nationale) articulée en *particularités* (régionales), ou encore les *particularités* (régionales) *unies* : voici et voilà le Sénégal que nous voulons. Soit le Sénégal en tant qu'objet commun de partage, voulu comme tel ; tandis que l'objectif commun, que veulent partager les Sénégalais, n'est autre que le bien-être de tous et de chacun, certes avec équité, mais sur un lieu, le leur propre : leur Région ou leur Terroir. D'ailleurs, nous ne saurions nous lasser de le ressasser, les sociétés africaines, qui sont toutes multisocioculturelles par essence, alors qu'elles auraient toutes vocation à s'unir ou à s'intégrer dans un même Peuple, se devraient pour y parvenir de s'imposer, comme institution générique, l'État fédéral ou fédératif. C'est pour ainsi suggérer, encore et toujours, que la *fédération* est l'ennemi intime de la *balkanisation*.

Certes, l'on a souvent suggéré à tort, nous-mêmes y compris, que le mal, qui est à la base du *problème casamançais*, résiderait dans une interprétation erronée ou dans une mauvaise application de la Constitution, des lois, des règlements et autres textes en vigueur. Non ! Fondamentalement, la racine du problème est ailleurs. En effet, c'est la Constitution même du Sénégal qui pose problème. Elle est, en soi, un problème, pour n'être guère authentiquement sénégalaise. Et pour cause : elle ne s'enracine pas dans les *particularités régionales naturelles* ou *originelles* du pays que sont : Le Fleuve, Les Niayes, Le Ferlo, Le Sine-Saloum, Le Sénégal Oriental et La Casamance ; qui en sont autant de Peuples. Autrement dit, la Constitution sénégalaise est non consubstantielle aux réalités historiques, politiques, socio-économiques, culturelles et territoriales du pays. Or, comme nous venons de l'illustrer, le Sénégal, c'est authentiquement la communauté de ces *particularités régionales naturelles*. Comment, donc, peut-on penser, imaginer ou concevoir puis, à plus forte raison, élaborer une Constitution du Sénégal qui ne consacre pas, fondamentalement, cette réalité plurielle ou cette pluralité existentielle des Peuples du Sénégal ?

À la vérité, on veut arracher le Sénégal à ses *particularités régionales d'origine*, aux fins notamment de leur intégration dans un seul et même Peuple sénégalais, mobilisé vers un seul et même But sénégalais, à la faveur d'une seule et même Foi sénégalaise. Soit ! Mais, ça n'est là qu'un idéal, si louable soit-il ! Un idéal vers lequel tous les Peuples du Sénégal veulent tendre, en tant que Peuples reconnus comme tels, qui aspirent ainsi, pour s'en être donné une vocation, à n'être plus à terme, et seulement à terme, qu'un seul et même Peuple sénégalais. Une Constitution du Sénégal, authentiquement sénégalaise – c'est-à-dire celle que nous revendiquons ! – ainsi que des lois, des règlements et des institutions subséquents, aurait certainement le mérite ou l'avantage de préserver le pays de tous risques de partition ou de guerres civiles. Nous en sommes profondément convaincus, nous Mouvement pour le Fédéralisme et la Démocratie Constitutionnels (MFDC-fédéraliste) !

Au demeurant, si, à la suite de ce que la colonisation a accouché du Sénégal, le but recherché, c'est le bien-être de tous et de chacun, notamment dans l'accomplissement du jeune État, pourquoi s'obstine-t-on, de nos jours encore, à vouloir détruire les *particularités régionales historiques* de notre Pays ? Pourquoi ?... Donnons plutôt aux Sénégalais la possibilité, sinon le droit, de se faire l'idée juste de ce que c'est qu'un État unitaire d'une part, et de l'autre ce que c'est qu'un État fédéral ou fédératif, et ils se feront, bien volontiers, des Citoyens d'un Sénégal fédéral ou fédératif. Et, sous ce rapport, par exemple, tout Casamançais que nous sommes, nous demeurons des Sénégalais qui voulons être des Citoyens, en Casamance, au même titre que les ressortissants des autres Régions naturelles du Sénégal. Autrement dit, tout humains que nous sommes, nous voulons être des femmes et des hommes, en Casamance. Ou, à tout le moins, nous ne voulons pas être moins que des Citoyens, Sénégalais. Tout au contraire, nous voulons être des Citoyens, Sénégalais, qui n'ayons guère plus jamais, sous aucun prétexte, à nous excuser d'être des Casamançais, au Sénégal. Alors, la République et l'État, au Sénégal, constitueront véritablement quelque chose de *sacré*, par cela seul qu'ils vaudront, en tant qu'institutions, ce qu'ils doivent valoir, fondamentalement, et définitivement. C'est en cela, aussi, ou enfin que notre vision fédéraliste est et restera indemne de toutes agressions de l'idée perverse de *provincialisation* du Sénégal selon le président Abdoulaye Wade, qui vise ni plus ni moins à déposséder les Citoyens sénégalais de leurs Régions naturelles respectives.

Oui, pour une nouvelle République du Sénégal ! Oui, pour un nouvel État sénégalais ! Et donc pour un Sénégal nouveau ! Oui, pour une République fédérale et un État fédéral, revendiqués et institués comme tels, alors que la Casamance, au même titre que toutes les autres Régions naturelles du Sénégal, y aura trouvé son compte, voire son dessein, sinon son destin. Or, quel ne fut pas notre regret, sinon notre faim, voire notre amertume, quand, à la lecture du rapport de la Commission Nationale de Réforme des Institutions (CNRI), rendu public en février 2014, nous n'y vîmes que du « feu », pour devoir alors le déplorer comme suit !

« La lecture que nous avons cru devoir faire du décret instituant la Commission Nationale de Réforme des Institutions (CNRI) témoigne de la volonté du chef de l'État de faire évaluer les Institutions du pays par des hommes et des femmes réputés pour leurs compétences intellectuelles et pour leur probité morale et, le cas échéant, d'ouvrir et de justifier les voies nécessaires pour leur réforme. En cela, la CNRI se distingue du législateur qui, lui, et pour faire court, vote les lois. »

Évaluer et éventuellement proposer des pistes de réforme, disons-nous. Tel est en tout cas le rôle de moraliste dévolu à la CNRI par le président Macky Sall. Il ne s'agit donc pas de traiter quelque mal, fût-il le « traumatisme wadien », lequel aura eu le mérite, rappelons-le, de révéler, sinon le caractère inique de certaines règles ou lois, du moins la pratique injuste ou inappropriée de ces dernières sous le régime du président Abdoulaye Wade, bien que les Institutions concernées ne le soient pas nécessairement en elles-mêmes. Pas plus d'ailleurs qu'il n'est question, pour la CNRI, de traiter le « problème casamançais », mais de sonder en l'occurrence les Institutions et, au premier chef, l'Institution qu'est l'État sénégalais. Ce faisant, la question suivante apparaîtrait comme inévitable et centrale : pourquoi le « problème casamançais » est-il survenu, pour perdurer si longtemps, malgré un système politique et démocratique sénégalais ultra performant ? En d'autres termes, comment comprendre que, dans un État et une Société sénégalais démocratiques, reconnus comme tels par le monde entier, il puisse y avoir, de manière durable, une guerre qui oppose l'armée nationale à quelque autre frange ou faction du Peuple qu'elle est censée protéger et défendre contre toutes agressions extérieures ?

»Si nous n'étions habités ni par la nostalgie, ni par le ressentiment, ni par l'hypocrisie, ni par la peur, entre autres, nous découvririons certainement que, à la base de cette incongruité sénégalaise, où nous attendions tout particulièrement la CNRI, il y a des Institutions inadaptées, héritées d'un processus inachevé de décolonisation. En effet, c'est un euphémisme, l'État sénégalais postcolonial est une pâle copie de l'État colonial. Et il est absurde de vouloir rendre pérenne cette absurdité, comme la CNRI semble, hélas, s'y être exercée dans la production du rapport sanctionnant ses travaux, pour devoir ainsi passer littéralement à côté de l'histoire, au regard précisément de l'histoire récente du Sénégal. Car, la réforme des réformes, au Sénégal, eût certainement été de créer un nouvel État et de fonder une nouvelle République, portés, et supportés, par les Régions (naturelles) du pays. Mais des Régions (naturelles) aussi autonomes (juridiquement, techniquement et financièrement) que le nouvel État ne serait décentralisé territorialement et fonctionnellement. Connues depuis toujours sous les vocables ''Le Fleuve'', ''Les Niayes'', ''Le Ferlo'', ''Le Sine-Saloum'', ''Le Sénégal Oriental'' et ''La Casamance'', les Régions (naturelles) du Sénégal sont désignées dans l'Acte III de la décentralisation comme suit : « Casamance, Dakar-Thiès, Diourbel-Louga, Fleuve, Sénégal oriental et Sine-Saloum ».

» Rappelons, tout à propos, que l'initiateur de l'Acte III de la décentralisation, qui n'est autre que le président Macky Sall, verrait, autant que nous-mêmes, dans ces Régions (naturelles) en voie de réhabilitation, à la fois de formidables pôles de développement socioéconomique émergents et le soubassement par excellence d'une expansion durable et harmonieuse de l'économie sénégalaise. Sous ce rapport, la « recette » est et demeure unique : reconnaître constitutionnellement (et donc juridiquement) leur identité propre et leur autonomie technique et financière aux Régions (naturelles) du Sénégal ; instituer des organes *(exécutifs et de délibération et de contrôle a posteriori)* régionaux indépendants du pouvoir central ; et instituer une règle de redistribution équitable des ressources financières publiques nationales aux Régions (naturelles).

» L'intérêt de réhabiliter les Régions (naturelles) du Sénégal et de les ériger en Régions autonomes réside notamment dans le fait qu'elles incarnent, chacune en tant que territoire naturel et social, « une identité collective, fruit d'une histoire commune, d'une réalité et d'un avenir communs. Ce qui fait que les habitants d'un même territoire vivent ensemble les mêmes difficultés, et donc, peuvent se donner la main pour s'en sortir. Ainsi, le territoire peut être un cadre fédérateur des potentialités en vue du mieux vivre de ses habitants ... Le territoire, objet d'attachement identitaire, devient alors un lieu d'investigation de stratégies des acteurs (tandis que) l'efficacité du développement local repose sur la capacité à fédérer les attachements et les stratégies des différents acteurs pour produire de l'auto-reconnaissance » (27).

»Il y a donc lieu d'admettre que réhabiliter les Régions (naturelles) du Sénégal, c'est en quelque sorte répondre au besoin naturel, pour les populations sénégalaises, « de repères pour une vie en commun et (de) retour aux sources (qui) se manifeste partout en parallèle d'une globalisation unificatrice » (28).

»C'est, en définitive, réhabiliter la Nation sénégalaise en tant qu'Union ou Communauté nationale consacrée comme telle et assumée par ses six Régions (naturelles) irréductibles. Véritables courroies de transmission du pouvoir et de la démocratie, les Régions (naturelles) seront aussi, ou, à tout le moins, elles devront être considérées et traitées comme de formidables vecteurs de développement durable et de prospérité, avec à leur tête un Président du Conseil régional élu par leurs citoyens respectifs. En tant que chef de l'exécutif régional, celui-ci aurait alors pour mission d'administrer la Région (naturelle), en toute indépendance, conformément au programme de développement dont il est porteur, et sous le contrôle d'une *Assemblée régionale délibérante et de contrôle a posteriori*, composée de Députés régionaux, tous élus au suffrage universel direct, selon le scrutin proportionnel intégral pour davantage de démocratie locale et pour une meilleure représentativité de cette assemblée. Son avis serait consultatif.

» Au demeurant, nonobstant la souveraineté indissoluble de l'État sur chaque Région (naturelle), le Président du Conseil régional se doit de représenter à l'extérieur la plus haute autorité régionale et symboliser à l'intérieur l'autorité ordinaire de l'État, la Région (naturelle) étant et devant rester une composante de celui-ci et non son pair. Élu au suffrage universel direct, le Président du Conseil régional serait à ce titre responsable devant les populations concernées.

Cependant, et à la différence de la pratique en cours, le Président du Conseil régional devrait pouvoir nommer et révoquer les Conseillers régionaux. Ces derniers avec le Président du Conseil régional incarneraient ainsi le Conseil régional qui, en sa qualité d'exécutif régional, coordonnerait la politique et exécuterait les projets de développement dont il serait collégialement et solidairement porteur. Aussi, le Conseil régional devrait-il être structuré en fonction des priorités de développement de la Région (naturelle) et ne disposerait pas de pouvoirs régaliens, à l'exception du pouvoir de police. En effet, celui-ci relèverait du Conseil régional sur toute l'étendue de la Région (naturelle) concernée, étant entendu que la prérogative de police des frontières appartiendrait à la gendarmerie qui, pour cette même raison, serait extrêmement restreinte, cependant qu'elle resterait un corps d'armée relevant du ministère de la Défense.

»Par ailleurs, une Conférence des Présidents du Conseil régional pourrait être créée, en tant que le « bras armé » de l'ensemble des Régions (naturelles) chargé de la défense, devant l'État, des intérêts respectifs de ces dernières, notamment dans la répartition des financements nationaux. Instituée sur la base des principes d'égalité, de solidarité et de respect mutuels, la Conférence des Présidents du Conseil régional pourrait alors être admise comme l'institution formelle de la nécessaire coopération « multilatérale » ou

« décentralisation coopérative » qui devrait prévaloir entre les différentes Régions (naturelles) du pays. Plus d'autonomie et de décentralisation territoriale et fonctionnelle pour davantage d'égalité, de solidarité et de respect mutuels, tel devrait être le soubassement philosophique ou idéologique de la mission dévolue à la Conférence des Présidents du Conseil régional.

»Voilà donc, en substance, ce que nous avons dû attendre vainement des travaux de la CNRI. » C'était le 1er mars 2014, à Dakar.

21. Annexe

Une copie d'une correspondance adressée, le 20 janvier 1937, par l'Adjoint des colonies résidant à Sédhiou, Marc Lebessou, à l'Administrateur Supérieur de la Casamance et Administrateur Commandant le Cercle de Sédhiou en résidence à Ziguinchor, laquelle correspondance comporte en son en-tête : ''Colonie du Sénégal – Territoire de la Casamance – Cercle de Sédhiou'' et a pour objet : État des métis résidant dans le Cercle de Sédhiou.)

Mademba n'est pas natif du terroir. Et alors ?

Mademba n'est pas natif du terroir. Et alors ?

Territoire de la Casamance

É T A T

-Cercle de Sédhiou-

des élèves résidant dans le cercle de Sédhiou

N° l'ordre	Nom et prénoms	Age	Filiation	Domicile
1	Paul Diaw	10 ans	fils de Aby Diaw et de père européen inconnu – serait fils d'un commerçant ayant résidé à ... Diou.	Intéressé demeure à Sédhiou ... il fréquente l'école régionale.
2	René N'Soup	15 ans	fils de Thérèse N'Soup et de père européen inconnu – serait fils d'un o-pitaine d'Infanterie Coloniale.	-do-
3	Adolphe Diba	10 ans	fils de Chériffe Diba et de père européen inconnu- ...tait fils d'un ancien ...ant d'une maison de commerce à Sédhiou.	-do-
4	Thérèse-Henriette Samédy	12 ans	fille de Elisa Samédy et ... serait fille d'un ancien ... civile.	-do
5	Angéline Bomis	8 ans	fille de Elisa Samédy et d'un père Libanais non dénommé.	-do-.
6	Cécile Richard Gall	20 ans	fille de Gokhatyl Gall et de père européen inconnu	Intéressée est domiciliée de l'... seignant à Sédhiou
7	Clément Joseph	23 ans	fils de ... et de père européen inconnu	Intéressé est tailleur à Sédhiou.
8	Becker André	30 ans	fils de Becker Karl et de Françoise Houedanor	Originaire de Togo – est agent de la Cie F.A.O à Sédhiou

Mademba n'est pas natif du terroir. Et alors ?

N° d'ord.	Nom et prénoms	Age	Filiation	Modèle
9	Madame Becker née Sophie Lingué	30 ans	Fille de Lingué et de Anokor Lasser	Originaire du Dahomey - Intéressée est sage-femme à Sédhiou.
10	Alfred Danef	10 ans	fils du libanais (…) Danef, commerçant à Iror	Fréquente l'école Régionale.
11	Joseph Danef	8 ans	-d°-	-d°-
12	Marthe Aidara	1 an	fille de mère Aidara et de père européen inconnu - serait fils d'un commis des services civils	
13	Victor Usber	16 ans	fils de Usber Georges et de Fatou Aidara	-d°-
14	Mohamadou Khassim	15 ans	fils du Libanais Mohamet Hasiin et de Coumanthio Cereis	-d°-
15	Alioune Khassim	14 ans	-d°-	-d°-

Sédhiou, le 20 Janvier 1937
L'Administrateur Adjoint des Colonies,
(…)

22. Notes

(1) De l'Indépendance de la Casamance en question, éditions artisanales Cécile de Ramaix, Lyon, 1993.

(2) John Rawls, Théorie de la Justice, éditions du Seuil, février 1987, p.560.

(3) Ibid., pp.562-563.

(4) Jacques Baguenard, La Décentralisation, Que sais-je ?, éditions Puf, 1980, p.12

(5) François Vergniolle de Chantal, Fédéralisme et Antifédéralisme, Que sais-je ?, éditions Puf, novembre 2005, pp.7-8.

(6) François Vergniolle de Chantal, op. cit.p.8.

(7), Paru en décembre 2008, à Dakar, aux éditions Clairafrique.

(8) Paru aux éditions artisanales Cécile de Ramaix, à Lyon, en 1993.

(9) Paru aux éditions Clairafrique, Dakar, décembre 2008.

(10) Mamadou Dia, Corbeille pour le troisième millénaire. Des graines pour le printemps de demain. Ed. : Le Grenier du Patriarche, février 2000, pp.40-44

(11) Extrait des deux lettres que l'ancien président du Conseil avait adressées au président Abdou Diouf et à l'Abbé Augustin Diamacoune Senghor, parues dans Yaakar/Espoir, n°2 de juin 1995).

(12) Djibril Diop, Décentralisation et gouvernance locale au Sénégal : quelle pertinence pour le développement local ?, L'Harmattan, Paris, 2006, pp.35-37.

(13) Jérôme Monod & Philippe de Castelbajac, L'aménagement du territoire, Que sais-je ? Puf, 13ème édition mise à jour, mai 2006.

(14) Ibid., p.32.

(15) Jacques Charpy, Rapport intitulé ''Casamance et Sénégal au temps de la colonisation française'', novembre 1993.

(16) Paru aux éditions artisanales Cécile de Ramaix, à Lyon, en 1994.

(17) Bosselard-Faidherbe, Casamance et Mellacorée, Paris, à la Librairie Illustrée, 1891, in Christian Roche, Histoire de la Casamance, Conquête et Résistance : 1850-1920, Paris, Karthala, 1985, p.25.

(18) Christian Roche, op.cit., p.68.

(19) Christian Roche, id., p.69.

20) Maxime Petit, les colonies françaises, petite encyclopédie coloniale, Paris, Larousse, 1900, T.1, p.610.

(21) Ibid., pp.608-609.

(22) Djibril Diop, op. cit., pp.23-31.

(23) Parcours Anthropologiques, op. cit., p.41.

(24) Jean d'Ormesson op. cit., p.40.

(25) Édition du vendredi 28 novembre 2008 du journal ''Le Quotidien'', sous le titre ''Guerre de leadership entre Abdoulaye Balbé et Karim Wade : Le président fait le choix de sa raison'', p.6.

(26) Marguerite Yourcenar, *Les yeux ouverts* (entretiens avec Matthieu Galey), éd. du Centurion, 1980.

(27) Djibril Diop, op. ct., p.140.

(28) Ibid., p.141.

Mademba n'est pas natif du terroir. Et alors ?

TABLE DES MATIÈRES

Mademba n'est pas natif du terroir. Et alors ?

Du même auteur

Aux éditions Diasporas Noires

- Avis de décès : Le mensonge est mort en Casamance. Esquisse d'une histoire de la rébellion casamançaise telle que Sidy Badji ne l'aurait pas contée. Nov. 2015.

Aux éditions Clairafrique

- Mouvement pour le fédéralisme et la démocratie constitutionnels. Un pari politique pour la paix définitive en Casamance, au Sénégal, et dans la Sous-région. Déc.2008, Dakar.
- Pourquoi la Casamance n'est pas indépendante. Une introspection prospective. Déc.2008, Dakar.
- Le prix d'un fétiche venu de nulle part. En souvenir de mon jeune frère Paul-Grégoire Biagui. Déc.2008, Dakar.

Aux éditions artisanales Cécile de Ramaix, sous le générique ''Pour la Paix en Casamance''

- Sous le générique ''Pour la Paix en Casamance''
  - Sénégal : Le complot permanent. 1993, Lyon.
  - De l'indépendance de la Casamance en question. 1994, Lyon.
  - Le procès qui en cache un autre. 1994, Lyon.

Mademba n'est pas natif du terroir. Et alors ?

- Casamance Kunda. Ce que nous attendons de la Casamance indépendante. 4ème trim.1995, Lyon. (Ouvrage collectif)